AF467607

L'ACTION SOCIALE

Prévoir c'est agir !

LES ŒUVRES NATIONALES

DE

LA PRÉVOYANCE

Les trois âges de l'homme.

I. ŒUVRE DE LA VIEILLESSE : Proposition de loi ministérielle (CONSTANT et ROUVIER) ; **Caisse nationale des retraites; Le milliard des alcools**; Projet de loi de M. MAUJAN, ancien député de Paris (signé par 142 députés).

II. ŒUVRE DE LA JEUNESSE : Institutions nationales d'apprentissage professionnel ; Secours et travail ; Fermes-écoles industrielles.

III. ŒUVRE DE L'AGE VIRIL : Projet de loi de M. Maurice FAURE, député de la Drôme ; Rapport de M. Georges BERRY, au Conseil municipal de Paris ; **Assistance par le travail**; Fermes industrielles coopératives de l'Algérie-Tunisie.

IV. EXTINCTION PROGRESSIVE ET RADICALE DU PAUPÉRISME.

Prix : 2 francs

BORDEAUX

Ve CADORET, IMPRIMEUR-ÉDITEUR

17 — RUE MONTMÉJAN — 17

1894

L'ACTION SOCIALE

Prévoir c'est agir !

LES ŒUVRES NATIONALES

DE

LA PRÉVOYANCE

Les trois âges de l'homme

I. ŒUVRE DE LA VIEILLESSE : Proposition de loi ministérielle (CONSTANS et ROUVIER); **Caisse nationale des retraites; Le milliard des alcools;** Projet de loi de M. MAUJAN, ancien député de Paris (signé par 142 députés).

II. ŒUVRE DE LA JEUNESSE : Institutions nationales d'apprentissage professionnel; Secours et travail; Fermes-écoles industrielles.

III. ŒUVRE DE L'AGE VIRIL : Projet de loi de M. Maurice FAURE, député de la Drôme; Rapport de M. Georges BERRY, au Conseil municipal de Paris; **Assistance par le travail;** Fermes industrielles coopératives de l'Algérie-Tunisie.

IV. EXTINCTION PROGRESSIVE ET RADICALE DU PAUPÉRISME.

BORDEAUX

Ve CADORET, IMPRIMEUR-ÉDITEUR

17 — RUE MONTMÉJAN — 17

1894

L'ACTION SOCIALE

Prévoir c'est agir!

L'amour du progrès, les principes de solidarité, la religion de la souffrance humaine ont tous les jours des adeptes plus fervents et plus passionnés.

Jamais à aucune époque ne se sont manifestés avec plus d'énergie le sentiment altruiste, le désir sincère d'adoucir l'inégalité des conditions, la conscience du Devoir à remplir envers les deshérités de la vie, l'impression d'une immense pitié pour les misérables, — qui ne sont autre chose qu'une pure aspiration vers l'idéal de la Justice sociale.

Dans toute l'Europe, les questions sociales occupent le premier rang, et sollicitent l'attention de tous les gouvernements, Empire, Monarchie ou République; l'Eglise, par la voix du Pape, proclame que la question ouvrière est la plus grande question du jour. Des enseignements partis de si haut porteront des fruits féconds.

Le moment ne saurait être mieux choisi pour accomplir les œuvres de prévoyance et les réformes qui intéressent de si près les masses populaires.

Tous les partis doivent se mettre d'accord sur les questions de prévoyance, d'assistance et de solidarité humaine, et travailler à leur solution par des moyens pratiques, rapides, efficaces.

Tous les hommes animés d'intentions loyales, sans distinction d'opinion politique, *peuvent* et *doivent* leur apporter leur adhésion pleine et entière.

Aux classes dirigeantes revient la noble mission de prendre résolument la tête du mouvement social, de rechercher et de favoriser toutes les améliorations possibles ; à elles incombe plus particulièrement le devoir humanitaire, le souci d'assurer aux petits et aux infortunés le pain de chaque jour, plus de lumière, un peu de joie et de bonheur sur la terre.

La solidarité n'est pas seulement un Devoir, mais une nécessité sociale : Si ceux qui possèdent veulent jouir en paix des richesses acquises, ils doivent tenter le possible et même l'impossible pour apaiser, adoucir les souffrances et les privations des deshérités de la Fortune, et leur venir en aide par tous les moyens.

Abandonnés à eux-mêmes, livrés sans appui à la lutte si âpre pour l'existence, les prolétaires, tous ceux qui souffrent et peinent sans merci ni espoir, seraient fatalement conduits à demander au collectivisme révolutionnaire et à la violence ce qu'ils ne pourraient plus attendre de la générosité, de la clairvoyance, et pour dire vrai, de l'intérêt bien entendu de la bourgeoisie capitaliste.

Il est bon que les classes élevées se pénètrent de l'esprit de solidarité et de Justice. Il faut que d'elles-mêmes elles prennent l'initiative des réformes, qu'elles consentent généreusement à mettre au compte de la fortune acquise les charges qui écrasent le pauvre. Incontestablement le riche tire de l'Etat social de plus grands avantages que le prolétaire. Il est donc juste qu'il concoure au Bien public en proportion de la part qu'il lui revient dans les bénéfices sociaux. En dehors de cette obligation de justice pure, aucun citoyen ne sera amoindri dans ses réels avantages personnels et sociaux.

Il y a là pour la société actuelle, une question de vie ou de mort, — d'être ou de non-être!

Les nouvelles couches sociales maîtresses du suffrage universel, plus conscientes de leur force et de leur valeur, veulent conquérir leur indépendance, le droit de vivre dans des conditions équitables. Ce mouvement est irrésistible. Bien téméraires ceux qui essaieraient de s'y opposer !

Il est donc sage autant que juste, de donner satisfaction aux revendications populaires dans tout ce qu'elles ont de légitime. Si les privilégiés du sort ne savent pas se résigner à certains sacrifices, et réaliser, dans un esprit d'humanité, les réformes indispensables, elles seront résolues sans eux et contre eux par la haine, par la violence et la spoliation. Que la machine gouvernementale se détraque ou soit arrêtée un moment par l'effet d'un événement imprévu, ou par une défaillance des pouvoirs publics, la Révolution sociale est faite ! — et avec elle la banqueroute et la ruine de toutes les classes.

L'opportunité d'un gouvernement progressiste, bienfaisant et fort, éclate aux yeux des moins clairvoyants. Aux bons et aux humbles justice et assistance ; aux perturbateurs une main ferme et rude ! Que les mauvais soient châtiés ou mis dans l'impossibilité de nuire ! Mais il ne suffit pas de réprimer les manifestations criminelles, il faut encore leur enlever tout prétexte, en s'efforçant d'atténuer par des lois réparatrices les misères réelles.

Il est urgent d'agir ! Les réformes si souvent promises ne peuvent être ajournées indéfiniment et les malheureux éternellement trompés dans leurs espérances. Le crédit demandé et la patience populaire sont épuisés.

La création des Caisses de retraite qui intéresse particulièrement les classes laborieuses sera, un jour prochain, l'objet des délibérations de l'Assemblée. Le moment est opportun pour affirmer hautement la nécessité et les bienfaits de cette organisation.

La presse indépendante peut être appelée à remplir un rôle prépondérant dans l'accomplissement des œuvres de solidarité. Un journal sérieusement dévoué au bien public, — tenant à honneur la réalisation des grandes œuvres de prévoyance, verrait s'accroître sa légitime popularité, et exercerait sur l'opinion et sur le gouvernement une action puissante, une influence décisive.

L'heure des réformes est arrivée !

A la veille de chaque élection nouvelle, les promesses les plus séduisantes sont prodiguées aux électeurs par les hommes qui se réclament du suffrage universel. Il est temps de passer des promesses à l'action. Plus de paroles mais des actes. Il faut pourtant aboutir.

Il est impossible que cette situation se prolonge plus longtemps : l'intérêt, le devoir, tout nous presse d'accomplir l'œuvre sainte de la génération sociale.

Il faut agir !
Prévoir c'est agir !

ŒUVRE DE LA VIEILLESSE

Parmi les réformes qui ont pour but l'amélioration de notre état social, se place au premier rang la question importante des Caisses de Retraite pour les vieillards et de secours pour les invalides du travail.

La réalisation de ces réformes si ardemment désirée par les travailleurs des villes et des campagnes est une Œuvre de haute morale et de civilisation éclairée. Elles s'imposent par des raisons d'humanité et d'ordre public sur lesquelles il est inutile de discourir.

Depuis la grande Révolution, la question des caisses de retraite a préoccupé nos législateurs.

« Faites, s'écriait Mirabeau, faites que la substance même du » pauvre ne se consomme pas toute entière; obtenez de lui qu'il » dérobe une très petite portion de son travail pour la confier à » la reproduction du temps, et par cela seul vous doublerez les » ressources de l'espèce humaine! Qui doute que le travail de » l'homme dans la vigueur de l'âge ne pût le nourrir dans sa » vieillesse? »

Divers projets de lois sur les retraites ont été soumis au Parlement dans les dernières sessions législatives par de nombreux groupes de députés appartenant aux nuances diverses de l'opinion, — qui n'ont pas reculé devant les difficultés de cette tâche.

Nous saluons leurs noms avec respect, MM. Jaurès, Marty et Charles Dupuy; MM. de Mun, Freppel, vicomte de Bélizal, et leurs collègues cosignataires; — MM. Laisant, E. Roche, Laguerre, Déroulède, Cunéo d'Ornano, Millevoye, etc.; — M. Bérard; — M. Papelier; — MM. Fernand de Ramel, le Gavrian, de Mahy, etc.; — MM. Adam et baron Piérard; — MM. Izambard et Goujon; — M. Lacôte; — MM. Chassaing et ses collègues; — M. Paul Guieysse, rapporteur nommé par la commission du travail.

Chacun de ces projets consciencieusement réfléchis, présente une idée pratique, des aperçus nouveaux, une combinaison intéressante. L'ensemble et l'étude comparée de ces travaux éclairent d'une lumière plus intense cette question si obscure et si délicate.

Les auteurs des propositions, à part une seule exception, sont d'accord pour exiger des intéressés un effort personnel et continu. Presque tous *réclament le concours des patrons, et acceptent l'intervention de l'Etat.*

Il est regrettable que ces projets pris en considération par les commissions spéciales ne soient pas venus en délibération, au moment opportun, car la loi admise par tous en principe, était d'ores et déjà assurée d'une forte majorité dans les deux Chambres.

En présence de cette agitation universelle, de ces manifestations de l'opinion, de l'action persévérante de l'initiative parlementaire, le Gouvernement ne pouvait demeurer indifférent et inerte.

En conséquence, le 6 juin 1891, le gouvernement se préoccupant, à son tour, de cette question importante déposa sur les bureaux de la Chambre, une proposition de loi signée de M. Constans, ministre de l'intérieur et de M. Rouvier, ministre des finances, tendant à la création d'une Caisse nationale des retraites ouvrières.

Le projet ministériel fortifié par les expériences acquises, éclairé déjà par les études et les recherches antérieures, contient des documents certains, des éléments précieux et les premières données pratiques du grave problème des retraites si longtemps poursuivi en vain.

La nouvelle assemblée qui sera progressiste mettra en première ligne à son ordre du jour la loi sur l'organisation de la caisse nationale des retraites. Elle puisera dans le projet Constans les matériaux indispensables pour conduire cette tâche difficile à bonne fin.

Nous essaierons de faire ici la critique consciencieuse de cet important travail qui sera, sans nul doute, le point de départ des combinaisons futures, et restera toujours le document le plus complet à consulter. Nous ne pouvions mieux choisir comme texte de discussion ni trouver une meilleure base d'études en cette matière.

La proposition gouvernementale s'est inspirée des idées émises dans les rapports antérieurs formulés devant l'Assemblée législative, notamment du projet remarquable de M. Fernand de Ramel contresigné par treize députés de la droite, — et aussi du projet Martin Nadaud présenté dans une session précédente, signé des noms les plus autorisés du parti républicain avancé : MM. Floquet, Clémenceau, Lockroy, Jules Maigne, Eugène Mir, Duclaud, Spuller, Madier de Montjau.

Les bases financières du projet Nadaud étaient ainsi combinées :

1° Cotisation de l'ouvrier.	0,20
2° Contribution du patron.	0,10
3° Concours de l'Etat	0,10
	0,40

Le projet Constans a adopté, en les modifiant, ces mêmes bases d'action financière. La contribution du patron et le concours de l'Etat jugés indispensables sont maintenus dans des proportions à peu près identiques.

Il a été reconnu seulement que la cotisation de 0,20 par jour demandée au travailleur outre-passait la mesure de ses moyens, en exagérant le but même que les auteurs du projet Nadaud désiraient atteindre.

La proposition ministérielle fait donc intervenir pour la formation des retraites trois éléments : l'assuré, la collectivité des patrons et l'Etat.

En d'autres termes :

Cotisation facultative de l'employé admis à faire un versement quotidien de cinq centimes au minimum et de dix centimes au maximum ;

Contribution parallèle et obligatoire du patron ;

Allocation de l'Etat s'élevant aux deux tiers du versement total de l'employé et du patron.

En résumé, la cotisation de l'ouvrier est plus que triplée par les versements réunis du patronat et de l'Etat.

Moyennant trente versements annuels à partir de 25 ans, l'ouvrier qui aura versé un sou par jour aura droit à une pension de

300 francs, et l'ouvrier qui aura versé deux sous par jour à une pension de 600 francs.

Dans ces conditions, le projet du gouvernement, quoique présentant certaines lacunes, constitue un progrès considérable, et marque une première étape dans la voie qui doit nous conduire, avec le temps, à la pleine réalisation de l'Œuvre de la Vieillesse.

En une matière aussi délicate, le mieux ne saurait être atteint du premier effort. L'important était de faire admettre le principe. La loi proposée en est la consécration absolue !

Quelques critiques qui paraissent justifiées, en partie, sont formulées contre le projet du gouvernement :

1° La nouvelle loi, dit-on, est *inégale*, car elle s'applique à une seule catégorie d'individus ;

2° Elle est d'une *efficacité restreinte* pour les générations futures, *d'un effet nul* pour la génération actuelle ;

3° *Facultative* pour l'employé, *obligatoire* pour l'employeur, elle présente une compétition de principes anti-libérale ;

4° Elle rencontre, dans ses dispositions relatives aux moyens d'application, des difficultés de détails de nature à la rendre impopulaire aux yeux des intéressés eux-mêmes ;

5° *Au point de vue financier*, les charges qu'elle impose sont *inégalement réparties, incertaines*, laissant place à un inconnu rempli de périls ;

6° Enfin *l'accumulation des capitaux* qu'elle nécessite entre les mains de l'Etat ou d'une caisse unique offre aussi un grand inconvénient.

Telles sont, en résumé, les principales objections opposées au projet du gouvernement.

Si l'application de la loi ne répond pas à toutes les espérances qu'on en pouvait concevoir, n'y a-t-il pas moyen de remédier aux inconvénients signalés ? C'est ce que nous examinerons rapidement.

1° La loi est contraire à l'esprit d'égalité.

Le projet ministériel n'accorde le droit aux bénéfices de la loi qu'à une certaine catégorie de personnes difficile à définir et à déterminer, « les salariés proprement dits ».

N'est-il pas contraire au principe d'égalité si cher aux Français de demander aux ressources générales du pays une contribution qui doit profiter exclusivement à une seule classe d'individus, alors que la généralité des citoyens qu'on laisse de côté doivent directement en supporter les charges ?

Que signifie, au point de vue de la vieillesse et des incertitudes de l'avenir, cette distinction entre les travailleurs qui louent leurs services et les travailleurs libres, entre salariés et non salariés, entre riches et pauvres ? Ne sait-on pas que pendant la période de temps nécessaire pour acquérir la retraite, les situations sociales peuvent se modifier complètement ? Combien de patrons malheureux dans leur entreprise obligés de reprendre l'outil de l'ouvrier avant la fin de leur carrière ? Combien de jeunes hommes riches à vingt ans devenus misérables sur leurs vieux jours ?

Dans la catégorie même des salariés seuls admis au bénéfice de la loi, les uns sont plus favorisés que les autres.

Le concours du patron et de l'Etat devrait être égal pour les travailleurs. Or, il n'en est pas ainsi : le projet Constans, sous le motif louable d'encourager la prévoyance, propose, au contraire, de donner des subventions proportionnelles aux versements des ouvriers. Avec ce système et dans les meilleures intentions du monde, on aboutit à une conséquence irrationelle, injuste, non entrevue.

Ainsi, l'ouvrier gagnant un salaire peu rémunérateur, ou un salaire égal à celui de ses camarades, mais avec des charges de famille qui ne lui permettent point de faire les mêmes économies, reçoit du patron et de l'Etat de plus faibles subventions que ses compagnons de travail.

L'ouvrier gagnant un salaire élevé ou sans aucun souci de famille est le plus favorisé. C'est le contraire qu'il faudrait rechercher.

Quant à l'ouvrier le plus digne d'intérêt auquel un salaire insuffisant ou des devoirs à remplir laissent à peine de quoi vivre, et qui ne pourra rien verser à la caisse, celui-là est complètement privé de tout secours. L'œuvre de Prévoyance est à jamais fermée pour lui.

Il en est de même pour cette masse de travailleurs dits *non salariés*, qui n'ont même pas la faculté de verser, tels que l'artisan, le tâcheron, le petit patron entrepreneur ou commerçant, le modeste marchand, le métayer, le propriétaire cultivateur qui tantôt travaille sa parcelle de terre, tantôt va à la journée chez le voisin, etc.; tous ceux-là sont encore exclus des avantages de la loi sur les retraites.

Ces dispositions ne sont-elles pas illogiques, anti-démocratiques, mal équilibrées? Evidemment il y a là quelque chose à réparer.

Du côté des patrons l'inégalité n'est pas moins flagrante.

Avec la cotisation *facultative* pour l'ouvrier et *obligatoire* pour l'employeur, celui-ci est tenu de contribuer à l'épargne de son employé pour une somme égale à celle versée par ce dernier. Les uns auront à payer cinq centimes, le minimum de la cotisation, les autres le maximum de dix centimes, suivant la volonté expresse de l'employé; certains n'auront rien à payer si l'ouvrier n'est pas assuré.

Le patron ayant des ouvriers prévoyants verra donc son budget de frais généraux s'accroître au profit de l'industriel voisin, son concurrent, qui aura la chance d'employer des ouvriers imprévoyants non participants à la caisse.

En quel état d'infériorité ne se trouvera pas le premier vis-à-vis du second, dans la lutte terrible de la concurrence industrielle?

On aura créé dans le même atelier diverses catégories d'ouvriers, ceux-ci exigeant un supplément de salaire de cinq centimes, ceux-là un supplément de dix centimes, les autres n'exigeant rien.

Combien de patrons besogneux placés entre le devoir qui les invite à encourager la prévoyance, et leur intérêt commercial qui leur commande une stricte économie, ne seront pas entraînés involontairement à donner la préférence aux ouvriers qui ne seront pas associés à la caisse?

On arrive alors à ce résultat anormal que ceux-là mêmes qui devraient être les inspirateurs de l'œuvre seront les premiers à la critiquer.

Il n'y a qu'un moyen de remédier à cette situation : rendre le prélèvement sur le salaire égal pour tous les travailleurs; —

rendre égale la cotisation de tous les patrons en proportion du nombre des employés, en la réduisant à un taux minimum qui ne puisse excéder les forces de l'industrie; — enfin rendre égale pour chaque participant la subvention de l'Etat. De la sorte, les charges seront justement réparties entre les employeurs; les droits et les devoirs seront égaux entre les employés.

2° D'une efficacité nulle pour le présent, la loi est d'une efficacité restreinte pour la génération future.

Une bonne loi sur les retraites doit avoir des effets immédiats ou, au moins, le plus rapprochés possible. S'il est juste de travailler au bien des générations à venir, on doit, avant tout, se préoccuper des intérêts de la génération actuelle, de ceux qui pâtissent et succombent à la peine aujourd'hui.

La loi proposée ne travaille qu'en vue d'un avenir lointain. Sans efficacité réelle pour la génération présente qui ne bénéficie de ses avantages que dans la plus faible mesure, elle n'offre qu'une efficacité très restreinte pour les générations futures dont un petit nombre est seul invité à en profiter.

Beaucoup d'appelés, bien peu d'élus, il est facile de s'en rendre compte!

L'exposé des motifs évalue à près de dix millions le nombre des salariés pouvant participer à la Caisse nationale des retraites, mais il estime que sur ce nombre trois millions seulement consentiront le versement nécessaire.

Pourquoi cette estimation plutôt qu'une autre?

Si, comme on affecte de le croire, on peut compter sur la prévoyance de l'ouvrier et, de plus, sur l'attrait irrésistible des avantages réels que l'on fait luire à ses yeux, n'est-il pas admissible, dans cette hypothèse, que la grande majorité des travailleurs, pour ne pas dire la totalité, voudra bénéficier de tels avantages?

Ce chiffre de trois millions est établi, explique l'exposé des motifs, sur des probabilités fondées sur les expériences antérieures.

Hélas! Les expériences antérieures sont peu probantes. Certes, si l'on veut s'en rapporter aux leçons du passé, le chiffre de trois millions d'adhérents supposé par le projet ministériel semblera fort exagéré. Il dépasse de beaucoup les probabilités futures.

En effet, les expériences acquises ne montrent que trop la résistance de l'ouvrier à l'idée de prévoyance : la Caisse nationale des retraites fondée depuis 40 ans n'a enregistré que des résultats nuls. Ce mécanisme perfectionné a fonctionné complètement dans le vide.

Les chefs d'entreprises et de grandes usines qui ont voulu entraîner leurs ouvriers dans la voie de l'épargne n'y sont parvenus que par une pression morale, et à l'aide des plus généreux sacrifices. Encore n'y ont-ils réussi que dans une mesure très limitée. Les adhésions spontanées ont toujours été rares.

L'inscription d'office à la caisse des retraites, les précautions prises afin que les prélèvements, au moment du règlement du salaire par l'employeur, ne puissent être dissipés par l'employé, démontrent que les auteurs du projet n'ont pas compté absolument sur la persévérance de l'ouvrier.

Reconnaissons franchement que l'homme astreint aux nécessités de la vie, absorbé par le souci de l'heure présente, n'a ni le pouvoir ni une volonté assez libre pour ne pas perdre de vue la pensée de l'avenir, s'il est abandonné à ses seules ressources ou à sa propre initiative.

Et si, notamment, comme le propose la loi Constans, les adhérents conservent la faculté de suspendre l'assurance à leur gré, de retirer les fonds versés suivant leur caprice, combien d'entre eux, en présence des occasions multiples qui s'offrent dans la vie, auront la force de résister aux passions, aux désirs ou aux besoins inexorables du moment, quand ils sauront qu'ils ont à la caisse des retraites un capital toujours disponible ?

Combien persévéreront jusqu'au bout dans la voie de l'épargne ?

Ces courtes considérations prouvent d'une manière évidente que le chiffre de trois millions d'adhérents prévu par le projet ministériel est chimérique, et bien au-dessus des réalités futures. Ne nous faisons pas d'illusion ; sur les dix millions de salariés admis au bénéfice de la loi, deux ou trois cent mille individus, tout au plus, répondront à son appel.

C'est déjà quelque chose, dira-t-on. Assurément ! Même dans ces conditions restreintes, la loi Constans serait déjà un bienfait appréciable. Néanmoins, un aussi minime résultat est peu satisfaisant à côté de si grands efforts et de si belles promesses. Ce n'est plus là l'œuvre de prévoyance dont on nous avait laissé entrevoir l'espérance et la grandeur!

Pour que la loi ait le caractère libéral et humanitaire qu'on a eu en vue, il faut que la retraite formée au moyen des ressources générales du pays ne soit pas exclusivement réservée aux travailleurs qui louent leurs services, mais profite indistinctement à tous les travailleurs, à tous les citoyens français.

Nous le répétons, au point de vue des vicissitudes de l'avenir et de la vieillesse, il ne saurait y avoir ni riches ni pauvres, ni employeurs ni employés, ni salariés ou non salariés.

Tous les travailleurs, l'ouvrier de la plume comme l'ouvrier de l'outil, le patron comme l'employé ont leur part de labeurs et de peines, la même incertitude de l'avenir, et par conséquent les mêmes droits à la sollicitude des pouvoirs publics.

Tous les citoyens ayant à supporter directement ou indirectement les charges imposées par la création de la caisse nationale d'assurance, il est équitable de leur accorder à tous les mêmes avantages.

Celui qui ne possède rien ne peut être exclu par cela seul qu'il ne peut rien verser. Le travailleur libre ou celui qui possède aujourd'hui et qui, demain peut-être, sera réduit à la misère, — l'employeur actuel qui souvent se trouvera l'employé du lendemain, doivent également participer aux bienfaits de la loi. S'il en était autrement, on arriverait à ce résultat étrange et inique : le patron jadis prospère, aujourd'hui atteint par l'adversité, aura payé, durant des années entières, les assurances pour autrui, et se verra lui-même, dans son extrême vieillesse, sans secours et sans pension de retraite.

Si l'on veut donc que la loi de prévoyance ait une efficacité pleine et entière, il faut qu'elle soit ouverte à tous les citoyens sans exception, qu'en outre elle offre de *telles facilités*, des *avantages si positifs* que tous aient la *volonté* et le *pouvoir* de participer à ses bienfaits.

3° La contribution est facultative pour l'employé, obligatoire pour l'employeur.

Il y a là une compétition de principes anti-libérale, une partialité choquante.

Un principe élémentaire de justice sociale est celui-ci :

Le travail doit procurer à l'homme non seulement la satisfaction de ses besoins pendant la période de production, mais aussi les moyens de vivre dans la période d'inactivité, alors qu'il arrive à l'âge où les forces sont épuisées.

Celui qui a contribué par ses labeurs à la formation de la richesse publique a conquis le droit à l'existence dans ses vieux jours. *De là l'obligation* de prélever sur la richesse engendrée par le travail une partie du capital nécessaire à la constitution de la pension. *De là le devoir* pour l'employeur qui a profité des fruits du travail de venir en aide au travailleur, à l'effet de constituer une réserve suffisante pour compenser l'improductivité des dernières années.

Ce concours du patron peut être considéré comme une obligation de mutualité dérivant du contrat de louage dont elle est une conséquence naturelle et équitable.

De plus, ainsi que le fait observer M. de Ramel dans son rapport, « la protection douanière accordée aux producteurs agricoles » et industriels qui, dans une certaine mesure pèse sur les con- » sommateurs ouvriers, justifie encore la contribution des patrons » protégés à la formation d'une pension de retraite au profit des » travailleurs qu'ils emploient ».

Cette contribution, qui se résout en une minime élévation du salaire de cinq centimes par jour ou de dix centimes, selon les possibilités reconnues, ne saurait nuire aux intérêts généraux de l'industrie, et ne représentera, en réalité, qu'une simple avance qui sera rénumérée par répercussion, sous toutes les formes de la consommation, par les membres de la société.

La disposition législative qui rend obligatoire le concours du patron est donc pleinement justifiée!

Le devoir du capital ainsi défini, le droit du travail ainsi admis, il serait juste de reconnaître que l'ouvrier a, de son côté, un devoir semblable à remplir dans cette obligation de mutualité résultant du contrat de louage qui oblige le patron. N'y a-t-il pas dans ce pacte de solidarité tacitement intervenu entre le capital et le travail un lien de droit qui les unit étroitement, une obligation réciproque dont aucune des parties ne peut se dégager? L'affirmative n'est pas douteuse. Le salarié est donc, en équité, tenu de coopérer à l'œuvre générale de prévoyance qui, non seulement le vise personnellement, mais qui, en outre, intéresse au plus haut degré la famille et la société.

Dans quelle mesure cette coopération doit-elle être fournie? C'est un point à déterminer.

Il est incontestable que les travailleurs n'ont généralement qu'un pouvoir d'épargne restreint trop souvent amoindri par la maladie, les accidents et le chômage. On tiendra cette considération en grande ligne de compte dans la fixation de la prime d'assurance que l'ouvrier aura à prélever sur son salaire de chaque jour.

La cotisation de 5 centimes par jour proposée comme minimum dans le projet Constans ne paraît point dépasser les forces d'épargne du travailleur le plus modestement rémunéré. Les jeunes ouvriers, les femmes même gagnant un salaire inférieur peuvent s'imposer ce sacrifice sans trop de privations. Un sou par jour est dépensé insoucieusement par le plus pauvre.

L'œuvre des retraites est une nécessité d'Etat, une institution d'ordre public. L'assurance est le moyen le plus efficace pour empêcher les travailleurs de devenir la proie de la misère, et de tomber à la charge de la société. Dès lors, elle doit être obligatoire en principe.

Sur ce point les contradictions abondent :

« Vous attentez à la liberté du citoyen, vous enlevez aux ouvriers la libre disposition de leur salaire. Ces 5 centimes par jour que vous leur prenez sont à eux; ils ont le droit d'en faire ce qu'ils veulent, de les dépenser, de les gaspiller même suivant leur caprice. Enseignez à l'ouvrier à faire de lui-même des économies, mais ne lui enlevez pas le mérite de l'épargne; c'est lui rendre un mauvais service que de le dispenser de toute prévoyance ».

En vérité, le droit à l'imprévoyance ne paraît pas mériter tant de considération et de respect. Avouons que la loi a imposé aux citoyens des obligations plus pénibles, plus onéreuses, plus vexatoires que celle-là, — et malgré tout elles ont été acceptées avec résignation.

Laissons donc aux travailleurs, si on le veut, cette précieuse liberté de l'imprévoyance qui leur en garantit une autre dans leur vieil âge, plus précieuse encore, la liberté de mourir de faim et de misère!

Pour nous, cela ne fait aucun doute, la loi sur les retraites dépouillée de toute sanction obligatoire ne donnera que des résultats absolument négatifs.

Sur les dix millions d'ouvriers représentant en France l'effectif du salariat, les auteurs du projet Constans supposent qu'il y aura trois millions de participants. Supprimons le principe de l'obligation, il n'y aura pas trois cent mille adhérents. Ils estiment que les dépenses s'élèveront à cent millions. C'est exagéré! Trente millions suffiront, vu le nombre infime des assurés.

On aura ainsi créé à peu de frais la caisse dite nationale des retraites, mais le bien obtenu sera en proportion de l'effort donné.

On aura, il est vrai, la satisfaction de dire aux électeurs : les Chambres ont voté la loi sur les retraites ouvrières. Beaucoup répondront : oui, une loi éphémère, sans aucune efficacité, une illusion décevante!

Quels seront, en effet, les résultats tangibles d'une loi sur les retraites sans la sanction de l'assurance obligatoire? à peu près nuls! Le bénéfice n'en sera recueilli que par un très petit nombre de privilégiés, par quelques ouvriers gagnant un salaire élevé, moins inquiets du présent, doués de la vertu rare de la prévoyance, ou soutenus dans la persévérance de l'épargne par les encouragements de quelques chefs de la grande industrie bienveillants et dévoués. C'est possible!

Mais la grande généralité des citoyens, les pauvres gens, les travailleurs gagnant à peine un salaire suffisant pour vivre, les imprudents, les jeunes et les inconscients (car il faut tout dire), qu'aura-t-on fait pour ceux-là, pour la grande masse des déshérités? Rien!

Après comme avant tous ces hommes misérables si dignes d'intérêt n'auront d'autre ressource dans leur vieillesse que la mendicité. Rien n'aura été changé!

Envisageons maintenant l'œuvre de la vieillesse sous l'aspect de grandeur vraie qui lui sera imprimé par la vertu de l'assurance obligatoire. L'état des choses est complètement modifié. La tâche n'est plus aussi aisée. Les bonnes volontés et les sacrifices devront être à la hauteur de l'entreprise accomplie. Il ne s'agit plus de supputer minutieusement le nombre plus ou moins grand des ouvriers qui adhéreront à la caisse nationale. Avec le système de l'assurance obligatoire, il suffit de consulter les résultats du dénombrement. Nous aurons exactement dix millions de salariés qui participeront de droit à tous les bénéfices de la loi. De là évidemment la nécessité de trouver des moyens d'action puissants, de créer les ressources indispensables qui devront être plus abondantes, plus élevées.

Le bien à faire est immense, l'œuvre est grandiose, mais hérissée de difficultés dans son exécution. La plus grave reste la question de la dépense. Pourra-t-on se procurer les avances nécessaires dans l'état déjà obéré de nos finances? Nous le croyons : On peut les trouver en dehors du budget, dans diverses combinaisons financières soumises à la Chambre par les nombreux députés dévoués aux intérêts des classes laborieuses. Nous tâcherons de le prouver!

Avec l'obligation et par ce moyen seulement, l'institution des retraites deviendra une vérité, une réalité vivante. Le but que le législateur se propose d'atteindre sera fidèlement rempli. Au lieu d'une création artificielle, illusoire, d'un mirage trompeur, nous aurons une œuvre complète, pleine de vie, féconde en résultats inespérés. Le bienfait sera digne du sacrifice.

Contrairement à ces principes, le projet ministériel, sous la vaine apparence d'un libéralisme faux, à notre avis, s'est complu à argumenter longuement du respect dû à l'initiative et à la liberté individuelle. Cette thèse est développée avec une certaine complaisance dans l'exposé des motifs.

En vérité, on ne voit pas trop ce que viennent faire ces grands mots de liberté et d'initiative personnelle dans une proposition qui a précisément pour objet d'imposer à l'employeur une contribution plus ou moins élevée au gré de son employé, — *obligation étroite* à laquelle il ne peut se soustraire sous aucun motif.

On a voulu viser spécialement l'initiative personnelle de l'ouvrier, cela est certain, mais la liberté du patron auquel on impose *obligatoirement* une cotisation qui ne l'intéresse pas directement, est-elle donc moins respectable?

N'insistons pas davantage! La question d'ailleurs n'est pas là. Considérons les choses de plus haut!

La Prévoyance est une question de dignité personnelle, un devoir civique qui incombe à tout citoyen honnête.

C'est un acte répréhensible pour l'homme, *s'il a en mains* la possibilité de le faire, de ne pas assurer l'avenir, de ne pas prévoir le jour où, à bout de forces, il sera empêché de subvenir à ses besoins, et de s'exposer ainsi à l'humiliation de recourir à la charité publique ou bien d'être à la charge des siens. Cette désolante perspective n'est-elle pas de nature à émouvoir les plus insouciants? Telle est la vraie, la saine doctrine qui doit être enseignée.

En nous plaçant dans cet ordre d'idées, si une loi protectrice donne à chaque individu *la faculté* de se garantir contre les vicissitudes de l'avenir, aucun ne sera assez insensé, aucun n'aura le droit, au point de vue social, d'en repousser les bienfaits ou de lui refuser son concours.

Moralement, ni le pauvre ni le riche, ni l'ouvrier ni le patron, n'auront le droit de se dérober à cette obligation de solidarité.

Nous dirons toute notre pensée : l'Assistance publique a la charge des pauvres. On ne peut pas laisser les malheureux mourir de faim, il faut les secourir et il en coûte cher!

La Société qui a l'obligation de venir en aide à l'indigent, au vieillard dans la détresse, et qui n'a déjà que trop d'épaves humaines à recueillir, aurait le devoir de se défendre contre l'imprévoyance de ses membres; elle aurait le droit strict de les obliger à être prévoyants, de leur imposer l'assurance, afin d'éviter que les paresseux et les imprudents ne tombent un jour à la charge de la communauté.

La jeunesse est par nature réfractaire à l'idée de l'épargne. L'homme jeune, le riche encore plus que le pauvre, est insouciant, prodigue, un peu inconscient, avec une tendance à sacrifier la sécurité du lendemain aux jouissances de l'heure actuelle. Peu d'individus, même parmi ceux ayant le moyen de faire des économies, sont portés à pratiquer la vertu de la Prévoyance; à plus forte raison ceux auxquels le présent est si dur, si pénible à traverser. Les plus sages parfois manquent de persévérance, faiblissent et s'arrêtent à mi-chemin, s'ils n'ont pas derrière eux une force morale qui les encourage, une règle fixe qui les maintienne dans la ligne droite aux jours de lassitude et d'abandonnement. Cette force morale, nous la trouverons dans l'obligation sociale de solidarité affirmée hautement par le sentiment du devoir et par la loi!

Enumérons les nombreux fonctionnaires de l'Etat, les milliers d'officiers de nos armées, les employés des administrations publiques et privées. Combien parmi ceux-là livrés à leurs propres forces, avec leurs modestes appointements cependant bien supérieurs au maigre salaire de l'ouvrier, combien auraient eu la persévérance et le pouvoir de constituer une épargne suffisante pour garantir la dignité de leur vieillesse, assurer l'avenir de leurs veuves et de leurs familles?

N'est-ce pas là, pourtant, l'assurance obligatoire imposée à une nombreuse catégorie de citoyens? Qui a osé dire qu'on leur rendait un mauvais service en les dispensant de toute prévoyance? Qui s'est avisé de protester au nom de la Liberté contre cette véritable assurance obligatoire?

Ces efforts énergiques, cette vertu de la Prévoyance que l'on n'a pas osé demander à une classe plus instruite, aux employés des administrations mieux rétribués, pourquoi les attendre et les exiger de nos ouvriers de l'industrie et de l'agriculture réduits à la portion infime?

Le bien qui a été fait dans l'intérêt des classes bourgeoises, n'est-il pas possible de l'accomplir aussi heureusement au profit des classes ouvrières et de l'universalité des citoyens?

L'Œuvre de la vieillesse ne sera réalisée que par la vertu de l'assurance obligatoire. L'obligation à l'assurance peut seule avoir raison de l'inertie et de l'imprévoyance naturelle des classes ouvrières. Nous faisons des vœux pour que l'obligation soit consacrée dans la loi en faveur de l'ouvrier, comme elle l'est déjà pour les employés de l'Etat et des grandes administrations publiques.

« C'est un fait bien frappant, dit M. Cavaignac dans son discours de Lyon du 5 février, que la France qui a eu longtemps l'honneur et qui s'est fait gloire de réaliser, avant les autres peuples d'Europe, les idées de justice sociale, soit de ce côté une des nations les plus arriérées de l'Europe ».

En effet, les nations voisines, plus avancées que la République française dans la voie des réformes sociales, ont déjà consacré, dans la pratique, les grandes œuvres d'assurance et de mutualité. Toutes ont rendu obligatoire la participation à la Caisse des retraites pour les salariés proprement dits qui se trouvent ainsi placés sous un régime d'exception toujours arbitraire.

Ce n'est pas là ce que nous demandons : Nous voulons une loi *égalitaire*, *démocratique*, *universelle*, adaptée au caractère et au génie national.

Nous revendiquons les mêmes droits et les mêmes devoirs pour tous, pour le riche comme pour le pauvre, pour le patron comme pour l'employé, pour le travailleur libre comme pour le salarié.

Cette solution n'est-elle pas la plus conforme à l'idée générale de prévoyance et au sentiment de l'équité, puisque tous les hommes indistinctement sont exposés aux mêmes incertitudes de l'avenir, puisque tous, directement ou indirectement, sont appelés à contribuer à la constitution de la Caisse nationale?

Dans une société démocratique comme la nôtre, gouvernée par l'esprit de mutualité, la prévoyance devient une vertu sociale que tout citoyen loyal est dans l'obligation morale de pratiquer.

Il ne s'agit pas d'inscrire au fronton de la loi, dans un texte impératif, l'assurance obligatoire avec contrainte exécutoire. Nullement ! Cela n'est même pas nécessaire !

Il s'agit simplement de créer une loi protectrice offrant de telles possibilités, des *avantages si précieux*, *si évidents*, que tout citoyen ait un intérêt supérieur à son exécution, la volonté et la possibilité de participer à ses bienfaits, enfin l'obligation morale d'apporter à l'œuvre de prévoyance son secours volontaire et son dévouement.

Les indigents notoires et les incapables seront les seuls dispensés de remplir cette obligation sociale ; les communes prendront à leur charge le versement de la prime d'assurance qui les concerne. Les malheureux doivent moins que tous autres être exclus du bénéfice d'une loi de protection bienfaisante.

4° Quelques-unes des dispositions de la loi présentent des difficultés de détail dans l'application, susceptibles de la rendre impopulaire aux yeux même des intéressés.

L'ouvrier en quête de travail se sentira certainement dans une position gênée et gênante vis-à-vis du chef de l'atelier, lorsqu'il viendra lui dire : « Vous voudrez bien me payer plus que mes camarades : Je suis assuré à la Caisse des retraites. » Plus d'un patron grincheux ou d'humeur chagrine sera tenté de répondre : « Parfaitement ! Nous mettrons cela en ligne de compte dans la question du salaire ».

Tel employeur, en effet, disposé à faire volontairement un sacrifice en faveur de son employé, se considérera comme atteint dans sa dignité ou se révoltera intérieurement contre une contribution obligatoire qui lui est imposée, *à titre particulier*, par la volonté expresse du premier venu.

Cette disposition arbitraire, non seulement met le patron à la merci de l'employé, mais encore lui rend difficile d'établir la balance des dépenses et le budget des frais généraux de son industrie.

Ne paraît-il pas d'ailleurs étrange que la cotisation du patron soit ainsi *privativement* déterminée selon le caprice de l'ouvrier ? Il serait plus logique que la contribution patronale uniforme pour tous les employeurs *formât une masse qui resterait acquise aux Caisses de retraite* et affectée aux comptes individuels des assurés, au même titre que les subventions de l'Etat.

Que penser du mode de perception des primes d'assurance, et des livrets de retraite ? Quelle corvée pour le patron et pour l'ouvrier que ces appositions et oblitérations incessantes, continuelles des timbres-retraite sur le livret, imitées de la coutume germanique ?

Dans certaines grandes maisons industrielles, il faudra un commis spécial pour cette fastidieuse besogne.

Quant à l'ouvrier, il devra constamment être muni de ce livret qu'il sera bientôt amené à considérer comme la mise en carte du travail. Quelle matière à récrimination ? Ce système tracassier de minutieux détails est peu conforme à l'esprit de dignité et d'indépendance de l'ouvrier français. Cette surveillance incessante du patron sur les journées de travail de l'employé paraîtra lourde aux uns et aux autres, et rendra la loi impopulaire ce qui, dit-on, est arrivé en Allemagne.

Comment d'ailleurs suivre les mouvements des salaires et du travail de l'ouvrier « dans ses multiples fluctuations ? » Quelles variations dans les versements ? Combien d'ouvriers parviendront à effectuer le versement journalier pendant les 300 jours de l'année de travail, quand il faudra retrancher les jours de maladie, de chômage ou de grève ?

Nous ne parlons que pour mémoire de cette quantité innombrable d'employés qui seront nécessaires pour tenir à jour le relevé des comptes de chaque participant, — dépense superflue qui grèvera lourdement les frais généraux d'administration de la Caisse.

N'y aurait-il donc pas moyen de simplifier le rouage de la perception ? Au lieu de demander à l'ouvrier sa cotisation sou par sou, au jour le jour, suivant le système de l'apposition des timbres sur le livret en présence du chef d'atelier, pourquoi ne pas lui permettre de verser sa cotisation, sans intermédiaire, comme une prime d'assurance ordinaire ?

S'imagine-t-on qu'en demandant à l'ouvrier sa cotisation sou par sou, au jour le jour, le sacrifice qu'il s'impose lui paraîtra moins sensible ? C'est le traiter en enfant. L'ouvrier se rendra bien vite compte qu'en donnant un sou par jour de travail, il donne 15 francs par an, deux sous par jour 30 francs. L'illusion ne sera pas longue.

Pourquoi donc ne pas l'admettre à verser sa prime d'assurance à sa convenance et à son heure, en une seule fois ou par fractions inégales, ou par versements mensuels, dans le premier bureau de poste ou du trésor public ?

Pourquoi non plus le patron ne serait-il pas admis, lui aussi, à verser de son côté les cotisations que la loi sociale du travail lui impose, par annuité ou par semestre, sous la forme d'une contribution directe, — dont le montant serait reporté directement à l'actif des Caisses de retraites ?

Ce mode de perception directe de la prime individuelle et des cotisations patronales, beaucoup moins complexe, présenterait, il semble, un minimum d'inconvénients. Toutes ces difficultés de détail et d'application pratique auraient aussitôt disparu.

5° Au point de vue financier les charges qui incombent à l'Etat sont incertaines, sans détermination, soumises à un imprévu rempli de périls.

La subvention accordée par l'Etat dans le projet Constans est, en moyenne, de 30 francs pour chaque participant à la Caisse.

Nous savons qu'il y a en France dix millions de salariés. Ce qui porterait les charges de l'Etat à 300 millions, si tous les salariés devaient profiter de leur droit de participer au bénéfice de l'assurance.

Combien sur les dix millions de salariés seront adhérents à la Caisse de prévoyance? Le projet du gouvernement suppose qu'il y aura trois millions de participants, ce qui réduirait les dépenses à 100 millions.

C'est sur cette base que sont établis les calculs d'approximation des dépenses de l'Etat

Mais qui nous assure que, en réalité, le nombre des adhésions ne sera pas moins élevé ou supérieur?

Pour les motifs expliqués tout à l'heure, nous sommes persuadé que le nombre des adhérents sera fort peu élevé, et même illusoire. Tel n'est pas le point de vue où se placent les auteurs du projet qui veulent bien croire que la grande majorité des travailleurs sera amenée à concourir à l'Œuvre des retraites. Dans cette hypothèse, la vérité est que le nombre des participants peut varier d'un million à dix millions, et les subventions de l'Etat de 30 millions à 300 millions. On le voit, la marge est large!

Une autre constatation rend incertaines encore les prévisions financières du projet Constans. Elle est relative au taux de 4 0/0 *actuellement bonifié* par la Caisse nationale des retraites.

C'est l'intérêt accumulé des capitaux versés par les assurés, par la collectivité des patrons et par l'Etat qui doit fournir les rentes servies par la Caisse.

Or, le projet évalue à 4 0/0 l'intérêt de ces capitaux. Il y a là une illusion dangereuse : l'argent placé en rentes sur l'Etat ne rapporte que 3 0/0, taux d'intérêt qui est destiné vraisemblablement à descendre plus bas encore. Ce jour-là l'Etat sera obligé de demander à des impôts nouveaux les ressources nécessaires pour subvenir aux pensions de retraite qu'il s'est engagé à servir, — impôts qui devront être augmentés à mesure que s'accroîtra le nombre des participants.

Il y a là un inconnu d'une progression incalculable. Mieux vaudrait se trouver en présence d'une estimation des dépenses beaucoup plus élevée mais bien définie et prévue d'avance.

Le seul moyen d'éviter de pareils mécomptes serait de baser les calculs de capitalisation sur le taux réduit à 3 0/0, — et pour établir la compensation des pertes sur les intérêts, d'augmenter le nombre des versements annuels à effectuer par l'assuré. Ce qui rétablirait l'équilibre du système.

La loi détermine l'époque des versements à partir de 25 ans jusqu'à 55 ans.

Pourquoi cette limitation? Pourquoi retarder ainsi l'action de l'Epargne, et avancer l'heure de la retraite? Est-il jamais trop tôt pour accoutumer la Jeunesse à l'idée de la Prévoyance?

On affirme que l'âge de 25 ans est l'âge le plus favorable. C'est une erreur, il est déjà trop tard! A 25 ans le jeune homme sort de l'armée à la recherche d'une position sociale. La pensée d'un établissement l'absorbe; le désir de fonder une famille le tourmente. Quel surcroît de besoins et de dépenses! Quand le souci du présent l'obsède, est-ce bien le moment de lui parler de l'avenir?

Contrairement au projet du gouvernement, nous permettrions de commencer les versements à tout âge et suivant les convenances de l'assuré. Pourquoi le jeune ouvrier qui entre à l'atelier à 15 ans ne serait-il pas admis à verser sa prime comme ses camarades plus âgés. Il jouirait plus tôt de sa pension viagère.

C'est dès les plus jeunes années que l'on doit inculquer à l'adolescent l'idée de la prévoyance, alors qu'il n'a pas contracté des habitudes de dépense, des besoins de luxe, de plaisir ou de bien-être. Il gagne peu à ce moment, il est vrai, mais il n'a aucune charge de ménage ou de famille.

Fixer l'âge de la prévoyance active à 25 ans, c'est trop tard! fixer le jour du repos à 55 ans, c'est trop tôt!

Sauf exception dont il devra être tenu compte, l'homme à 55 ans est encore capable d'un travail raisonnable; le mettre à cet âge à la retraite, c'est lui décerner trop vite un brevet d'impuissance!

Si l'on veut que le travailleur ait une pension alimentaire suffisante au minimum de cinq ou six cents francs, il est de toute nécessité que les versements aient été continués pendant une longue série d'années. Des versements annuels de 18 à 60 ans (les meilleures limites à déterminer) compenseraient la perte des intérêts réduits à 3 0/0, — et permettraient en toute certitude, sans aléa possible pour les finances de l'Etat, de servir une retraite honorable à chaque citoyen.

6° Enfin, l'accumulation des capitaux versés dans la caisse des retraites peut offrir des inconvénients graves.

L'accumulation de capitaux énormes dans une caisse unique, et l'influence que peut exercer sur le marché financier le maniement de masses pareilles est un sujet de sérieuses réflexions.

Les économistes affirment que ces opérations faites sur une vaste échelle toucheront profondément à la circulation de la richesse sociale. De telles sommes jetées, même progressivement, sur le marché des rentes, amèneront une hausse factice des fonds publics ainsi absorbés automatiquement, — et par suite, une baisse exagérée du taux de l'intérêt, ce qui rendra inévitable la surélévation des primes d'assurance, puisque la capitalisation s'effectuera plus lentement.

Ces considérations sont graves!

Les auteurs des propositions et le gouvernement dans son projet sur les retraites se préoccupent également de cette question du remploi des fonds de réserve, et s'appliquent à rechercher les valeurs de toute sécurité sur lesquelles seront placés les versements, — rentes d'Etat, valeurs du trésor, obligations garanties des chemins de fer, obligations communales et départementales.

Cette répartition des placements est une sage mesure, mais elle ne fait pas disparaître les inconvénients prévus. N'y aurait-il pas moyen d'y remédier par un système d'opérations mesurées et spéciales?

Qu'il nous soit permis d'exposer ici, en peu de mots, une combinaison si simple qu'évidemment elle s'est présentée à l'esprit de tous. Il s'agit seulement d'examiner si, dans la pratique financière, elle est susceptible d'une application étendue. Cette combinaison supprimerait, en majeure partie, les dangers que présentent le maniement et le remploi des versements, et offrirait de plus des avantages financiers de premier ordre.

On ne saurait aujourd'hui discuter la légalité du remboursement ou de la conversion des rentes d'Etat, ni prétendre que l'Etat a implicitement renoncé au droit de jamais se libérer, alors que l'art. 1911 du code civil déclare expressément les rentes perpétuelles essentiellement rachetables.

Dès lors, si *par le moyen des fonds de réserve des retraites*, le trésor *se trouvait en mesure de rembourser au pair* la rente actuelle de 3 0/0, aucune réclamation ne pourrait s'élever contre cette opération financière.

En nous plaçant à ce point de vue, la question simplifiée se résoudrait dans ce terme : amortissement annuel de la dette ou sa transformation indéfinie en rente publique *réservée* au placement des capitaux de la caisse d'assurance mutuelle, c'est-à-dire que l'Etat, au lieu de servir les rentes à ses créanciers, comme il le fait actuellement, consacrerait ces mêmes rentes au service et à la garantie des intérêts de la Caisse nationale des retraites.

La mise en œuvre des fonds de réserve ainsi actionnée ne porterait plus, ce semble, aucun trouble sérieux sur le marché public.

Nous n'avons plus à nous préoccuper de ces rachats de rentes par masses ou à jet continu, — susceptibles d'amener une hausse factice des fonds publics et la baisse exagérée du taux de l'intérêt. Ces opérations sont supprimées. Nous n'avons plus à redouter aucune opération dangereuse, aucun maniement toujours délicat de capitaux, leur fonctionnement consiste dans une simple opération d'amortissement de la dette convertie en rente française de solidarité.

Il restera à déterminer les moyens financiers permettant d'effectuer l'amortissement annuel de la dette dans des conditions de nature à donner satisfaction à tous les intérêts en jeu. Il sera en même temps possible, par ces mêmes moyens financiers, d'offrir aux créanciers de l'Etat l'avantage et la facilité de *remployer simultanément* les fonds *remboursés* sur des valeurs nouvelles susceptibles de représenter les mêmes garanties de sécurité que la rente.

Dans ce cas, les *hautes organisations financières, industrielles et commerciales* auraient à chaque période annuelle d'amortissement des ressources immenses à leur disposition.

L'objection que les capitaux importants absorbés par la Caisse des retraites resteraient infructueux et improductifs entre les mains de l'administration, au détriment des fortunes privées et de l'industrie nationale, n'est point fondée.

Les fonds versés dans la Caisse provenant de la prime individuelle, de la contribution des patrons et de l'Etat, feront immédiatement retour à l'industrie. Il n'y aura là, dans la réalité des choses, qu'un simple déplacement, une meilleure utilisation des capitaux qui donnerait lieu à un mouvement favorable à la prospérité générale.

Analysons, en effet, les conséquences de ces amortissements successifs et sériés de la dette.

Les capitaux privés qui sont placés en fonds d'Etat où ils demeurent *stérilisés et inertes* seront forcément rejetés en dehors de la rente par suite de l'amortissement ou de la transformation de la dette publique ; ainsi distraits des fonds d'Etat où ils seront purement et simplement remplacés par les versements des retraites, ils rentreront dans la circulation générale en quête d'un nouveau placement, — et se reporteront infailliblement sur la propriété immobilière, sur les entreprises industrielles, agricoles ou d'utilité publique.

Ces capitaux amassés ainsi remis en mouvement, rejaillissant en pluie bienfaisante sur toute la surface du pays, féconderont la production et donneront au crédit public, aux fortunes particulières, un essor inouï.

Ce n'est pas l'argent, a-t-on dit, qui manque aux affaires présentant des chances raisonnables de bénéfices, ce sont les affaires qui font défaut à l'argent.

On ne saurait admettre, en principe, que des capitaux ne soient utilisables d'une façon ou de l'autre.

Accidentellement, il est vrai, dans certaines périodes agitées, à la suite de crises industrielles, de catastrophes financières où de grandes fortunes se sont englouties dans des entreprises hasardeuses, les capitaux sont profondément troublés, et prennent peur. On ne sait pas ou l'on n'ose pas utiliser les moyens d'action que l'on a entre les mains. L'esprit d'entreprise perd son énergie, le capital n'a plus confiance et se resserre sur lui-même. Dans ces circonstances exceptionnelles il advient que le capital en quête d'une affaire offrant une chance de réussite ne la trouve pas toujours. Cela ne prouve pas que les entreprises sérieuses n'existent point, et que les bons placements font défaut. Il faut les rechercher, les découvrir, et au besoin les créer. C'est là le devoir et l'intérêt du capitaliste qui n'y faillira point.

Les progrès de l'industrie, les perfectionnements de la science, créent chaque jour des besoins nouveaux, des idées nouvelles : après la vapeur, l'électricité, — après l'électricité bien d'autres inventions auprès desquelles les chemins de fer et les industries actuelles sembleront peut-être de moindre importance.

Actuellement nous avons notre outillage industriel et agricole à perfectionner, le crédit public à développer, nos réseaux de chemins de fer à terminer. Les bons placements ne manqueront pas si nous savons encourager l'esprit d'entreprise, imprimer au travail une impulsion vigoureuse, inspirer au capital la confiance momentanément disparue. Dans ces conditions nouvelles non seulement nous n'aurons pas trop de capitaux disponibles, mais nous n'en aurons pas assez.

Il ne sera pas impossible à nos ingénieurs et à nos grands financiers de créer des débouchés sérieux aux capitaux amortis par suite des conversions successives annuelles de la Dette.

Pendant les dernières séances de la session parlementaire, il a été question d'un certain nombre de grandes entreprises, le Canal des deux mers, le Métropolitain, le Paris port de mer, le Crédit agricole et industriel, les emprunts hypothécaires des Sociétés de constructions ouvrières, les Compagnies privilégiées d'Afrique, à l'instar de la Compagnie des Indes anglaises, — dont le projet a été voté récemment par le Sénat. — Ces vastes entreprises et bien d'autres seront réalisées tôt ou tard.

N'avons-nous pas à tracer dans notre magnifique empire colonial les voies de communication terrestre et maritime qui doivent relier nos possessions d'outre-mer et ouvrir à notre commerce un débouché immense à travers les nouveaux continents?

Qui pourrait énumérer les diverses entreprises d'utilité nationale bien constatée qui offriront aux capitaux convertis un remploi fructueux et de sécurité absolue sous la garantie de l'Etat ?

Avec ce système de placement des fonds des retraites sur les rentes françaises, par voie d'amortissements sériés, l'inconvénient le plus grave relevé contre la Caisse nationale, c'est-à-dire le danger du maniement et de la concentration de capitaux considérables s'évanouit complètement.

L'opération se résout dans un simple virement de fonds, une conversion de rentes sous le simple contrôle du gouvernement.

L'Etat ne peut disposer en aucun cas des sommes versées dans la Caisse nationale d'assurance.

I. Prime individuelle. — II. Cotisation patronale. — III. Concours de l'Etat.

I

Il résulte de l'examen auquel nous venons de nous livrer que, si les critiques contre le projet du Gouvernement paraissent quelquefois fondées, il n'est pas impossible de porter remède aux inconvénients démontrés.

Il faut pour cela apporter à la loi certaines modifications utiles, en élargir les bases, en universaliser l'action bienfaisante, en égaliser les charges et les avantages, — enfin faire de la Caisse des retraites une œuvre grande, une institution nationale d'assurance mutuelle destinée à régénérer le monde social.

La prime modique demandée à tout citoyen comme l'accomplissement d'un devoir sacré de prévoyance ne saurait sérieusement être représentée comme ayant un caractère obligatoire.

Celui qui resterait indifférent et passif en présence des bienfaits de cette loi, — (garanties contre l'invalidité et la vieillesse, le pain quotidien assuré à la veuve et à l'orphelin) serait coupable ou inconscient, — alors que le sacrifice librement consenti est si léger qu'il peut être considéré comme un minimum pour la grande majorité.

Le travailleur le plus modeste a le moyen, sans s'imposer de cruelles privations, de prélever *un sou par jour sur son salaire* et même deux sous par jour, s'il le fallait. Un tel effort ne dépasse pas certainement les possibilités communes, et dans ces conditions peu onéreuses l'épargne en vue de l'avenir n'affecte en rien le bien-être du présent.

II

En ce qui regarde la quote-part des employeurs, la légalité n'en est plus contestée par personne. Elle découle rationnellement du contrat même de louage; elle n'excède en aucune façon ni la bonne volonté des patrons ni les sacrifices qui peuvent être consentis sans nuire aux intérêts de la production nationale. Elle constituera une avance qui sera bientôt rémunérée par les membres de la société, sous toutes les formes de la consommation générale. Il s'agit, en réalité, d'une simple élévation des salaires de dix centimes par journée de travail. Or, depuis un demi-siècle les salaires ont progressé en France de près de moitié, sans que notre industrie ait perdu un seul de ses avantages dans la lutte contre la concurrence étrangère.

Cette objection tirée de la concurrence internationale n'a, d'ailleurs, qu'une valeur relative : de grandes facilités de communication, les mêmes intérêts économiques ont rapproché les peuples modernes. Partout s'imposent les mêmes idées de progrès social. Aussitôt qu'une réforme est introduite dans la législation d'un peuple, les pays voisins s'empressent d'en adopter et d'en appliquer les principes.

Un exemple récent confirme ce jugement.

Il y a deux ou trois années à peine, une œuvre sociale considérable a été accomplie en Allemagne. Sous l'inspiration de l'empereur Guillaume, le Parlement a voté les lois d'assurances ouvrières, et constitué une Caisse des retraites en faveur des ouvriers âgés et des invalides du travail.

Les conséquences de ces votes importants ne se sont pas fait attendre. Les législateurs étrangers suivant l'impulsion donnée ont mis à l'ordre du jour de leurs travaux l'étude de l'intéressant problème des retraites de la vieillesse, dont on aura bientôt, il y a lieu de l'espérer, trouvé la solution chez toutes les nations civilisées.

D'ores et déjà, dans des conditions très susceptibles de perfectionnement, l'institution des retraites ouvrières est un fait accompli en Allemagne.

Les ressources financières de la Caisse sont fournies *par l'Empire, les Patrons et les Assurés.* On a été à même de constater que cette contribution des patrons n'a, en aucune façon, entravé l'essor de l'industrie allemande qui, de jour en jour, prend un plus grand développement.

Les sacrifices consentis par les industriels allemands peuvent certainement être acceptés par les industriels français. Les mêmes charges frappant à la fois les deux industries concurrentes, il est évident que leur situation respective ne se trouvera modifiée en rien.

Un certain nombre d'industriels français, notamment les chefs d'entreprises minières, ont reconnu loyalement eux-mêmes, dans les enquêtes ordonnées par la commission du travail, que l'industrie nationale pouvait supporter des charges s'élevant à 5 centimes par ouvrier et par jour, sans se trouver en état d'infériorité vis-à-vis de l'industrie étrangère.

Mais admettons un instant, pour répondre aux contradictions de quelques économistes heureux de trouver des impossibilités pratiques, admettons que la contribution imposée aux patrons soit vraiment un obstacle à la prospérité de l'industrie ; on peut dire que, même en ce cas, la non-participation des employeurs ne constituerait pas un empêchement absolu à la création de la Caisse des retraites.

Nous citerons à l'appui de cette affirmation, l'expérience faite par un noble petit Etat dont le gouvernement libéral a le souci constant des intérêts de son peuple, c'est le Danemark où une loi récente promulguée le 1er juillet 1891, a organisé l'assurance contre la vieillesse, en dehors même du concours des patrons.

Aux termes de cette loi, tout Danois de l'un ou l'autre sexe a droit, à l'âge de 60 ans, à une pension de 300 à 350 francs, à la condition d'être de bonne vie et mœurs, de n'avoir que des ressources insuffisantes pour vivre, et de n'être pas secouru par l'assistance publique.

Les ressources nécessaires sont fournies mi-partie par les communes, mi-partie par les retenues sur le salaire.

Nous ne donnons pas notre approbation entière à ce système : lorsqu'il s'agit d'une œuvre nationale d'un intérêt si élevé, toutes les énergies sociales doivent concourir à son accomplissement. Nous persistons à croire qu'une cotisation de dix centimes par journée de travail n'excède point les forces de l'industrie française ; nous considérons qu'il est du devoir et de l'intérêt bien compris des employeurs de participer dans une mesure équitable à l'assurance de leurs employés. Si une opinion contraire doit prévaloir, il y aurait lieu d'appeler les départements et les communes à contribuer à l'œuvre des retraites. Cela serait juste puisqu'ils seront les premiers à profiter des bénéfices de la nouvelle loi, par suite du dégrèvement partiel de leurs charges de l'assistance publique. Cette coopération du département et de la commune permettrait de réduire la cotisation des employeurs à cinq centimes par jour. Ce qui n'aurait rien d'excessif.

Nous n'avons que trop insisté sur cette question qui parait aujourd'hui hors de conteste. Le principe de la contribution des patrons a été adopté par les auteurs des principales propositions, et par le Gouvernement dans son projet de loi. En France, comme à l'étranger, la retenue sur les salaires et une allocation correspondante des patrons sont partout admises comme devant former les bases essentielles des ressources financières de la Caisse nationale des retraites.

III

En ce qui touche le concours de l'Etat, la question devient grave et délicate.

Quelques esprits sérieux voient avec regret la création d'une Caisse centrale unique, gérée par l'Etat. Cette disponibilité de trésors peut exercer sur les hommes du pouvoir une fascination dangereuse en les incitant aux emprunts déguisés et aux dépenses exagérées.

Nous partagerions ces mêmes appréhensions si nous n'avions confiance dans la prudence du législateur dont le devoir est de prévenir les abus. L'intervention de l'Etat, admise dans une sage mesure, n'implique pas nécessairement ces fâcheuses perspectives.

Nous acceptons et nous demandons le concours de l'Etat par cette excellente raison, qu'il n'est pas possible de faire autrement puisque l'expérience a prouvé que l'action privée, à elle seule, est insuffisante à résoudre le problème de l'assurance contre la vieillesse. L'initiative privée, sous toutes ses formes, Institutions de prévoyance patronales, Sociétés de secours et de retraites, Unions syndicales a échoué partout : l'organisation des grandes Compagnies des Mines s'est montrée défectueuse et les retraites incertaines. Beaucoup de hauts industriels ont affirmé devant la commission du travail qu'il était très difficile aux Caisses particulières d'assurer efficacement des pensions de retraite à leurs adhérents. De plus, les initiatives privées ne présentent pas toujours les conditions de solvabilité suffisante. L'expérience des Sociétés de secours mutuel et de retraites est décisive à cet égard.

Si donc des mesures d'ensemble peuvent seules résoudre la difficulté, si l'action collective, méthodique, est indispensable, il faut en appeler à l'Etat, le grand organisateur par excellence.

Les groupes corporatifs représentant par eux-mêmes une collectivité compacte seraient, concurremment avec l'Etat, les plus capables d'organiser les Caisses de retraite, mais les corporations n'existent pas, et leur constitution exigerait une longue préparation. On ne peut cependant rester impassible devant les souffrances des malheureux. En l'absence de toute organisation corporative, on se trouve dans la nécessité de recourir à l'Etat, si l'on ne veut pas ajourner indéfiniment une solution si urgente.

Les partisans les plus farouches de la doctrine individualiste reconnaissent eux-mêmes la légitimité de l'intervention de l'Etat dans toutes les circonstances où l'initiative privée est impuissante, c'est le cas de l'accepter lorsqu'il s'agit d'une œuvre de protection bienfaisante.

L'Etat peut intervenir sans froisser ni décourager l'initiative et les intérêts privés.

Entre l'action individuelle et l'action sociale il n'y a pas antagonisme, mais coopération ; loin d'affaiblir ou de suspendre l'action privée, le concours de l'Etat ne peut que la fortifier, la féconder par l'exemple et l'émulation.

L'Etat, légitime promoteur des œuvres d'assistance, a le devoir de protéger les faibles et les isolés. Sa puissance de centralisation, son unité d'action, le rendent très apte à assurer le fonctionnement d'une organisation complexe. Son concours sera précieux pour ces masses d'individus, hommes et femmes, qui vivent seuls, disséminés, sans faire partie d'aucun groupe organisé. C'est à ceux-là particulièrement qu'il offre son appui, en leur permettant de faire partie de la seule association dont ils puissent être les membres, la collectivité nationale.

On constatera la réelle impuissance de l'action individuelle, si l'on considère la question des assurances au point de vue des intérêts de cette moitié de la population française qui n'est pas la moins intéressante, mères de famille et jeunes filles, femmes mariées et non mariées. Celles-là aussi, après une longue vie de labeurs et de privations, ont bien le même droit à l'existence sur leurs vieux jours. Où sera leur place dans les organisations privées, sociétés de secours mutuel, syndicats, associations corporatives ? Il sera difficile de leur en désigner une.

Certainement, en envisageant la question sous cet aspect particulier, on se pénètre mieux de la nécessité absolue de l'organisation des Caisses de retraite par l'Etat, en faveur de l'universalité des citoyens, sans aucune distinction de sexe, de catégorie ou de situation sociale.

En principe, l'Etat n'interviendra que sous forme d'inspiration et de protection. Son rôle se borne à promouvoir, à stimuler, à concentrer les moyens, à assurer l'exécution de la loi et l'établissement des Caisses de prévoyance, à répartir méthodiquement les ressources.

L'Etat est le collecteur des primes et des cotisations par l'intermédiaire de ses agents ; il a le contrôle plutôt que la direction des placements de capitaux par voie d'amortissements de la Dette publique.

Organiser les Caisses de retraite ne veut pas dire que l'Etat sera l'administrateur unique, l'assureur universel ou l'entrepreneur des Caisses de prévoyance qui peuvent parfaitement fonctionner en dehors de sa gestion directe.

On peut très bien concevoir, sous le contrôle des pouvoirs publics, l'existence d'une grande Administration indépendante, autonome, au besoin subdivisée en Caisses régionales agissant dans leur pleine responsabilité, sous la surveillance des commissions compétentes, — rattachées entre elles par un lien centralisateur qui assure leur unité d'action.

On peut aussi concevoir, en dehors de l'action sociale, l'action parallèle des initiatives privées, sous toutes leurs formes, notamment celle des groupes corporatifs qui, à notre sens, sont les plus capables avec l'État d'organiser les Caisses de retraite. Les subventions seraient accordées aux sociétés privées, au même titre qu'à la Caisse nationale, en proportion du nombre de leurs adhérents. Ainsi les individus auraient la faculté d'opter entre l'assurance professionnelle et l'assurance de l'État.

L'intervention de l'État admise en principe, il s'agit de créer les ressources nécessaires pour faire face à des dépenses qui devront être élevées.

Suivant le projet ministériel, l'Etat bonifierait la prime de l'assuré de dix centimes par jour, en moyenne, c'est-à-dire de 30 francs par an. Ce qui ferait pour un million d'adhérents une dépense de 30 millions par année, et pour les dix millions de salariés que l'on compte en France 300 millions.

L'allocation accordée à chaque participant n'est pas dépassée dans nos vues et reste la même. Il est à constater néanmoins que les bénéfices de la loi devant être, à notre avis, étendus égalitairement à tous les citoyens sans exception, au lieu d'être le privilège d'une catégorie spéciale d'individus, il s'ensuivrait forcément que le concours apporté à l'État nécessiterait une dépense plus considérable. On sait bien, d'ailleurs, que ce n'est pas avec quelques millions qu'une question d'une si vaste portée peut être résolue. Il importe d'envisager les difficultés de front, résolument. Cela est certain, l'accomplissement de l'Œuvre de la vieillesse exige des moyens d'action puissants, des ressources financières considérables si l'on veut la résoudre dans toutes ses données générales et universelles. Avec des moyens restreints on ne pourra la mettre en action que d'une manière partielle au profit de quelques privilégiés. C'est le cas du projet Constans.

Mais pour résoudre le problème dans son intégralité, en appliquer la solution, avec tous ses bienfaits, à l'universalité des citoyens, il faut de fortes avances, beaucoup plus élevées que celles prévues dans le projet ministériel.

Si ces conditions ne peuvent être remplies, mieux vaut que les hommes de gouvernement reconnaissent franchement leur impuissance, plutôt que de bercer les espérances populaires d'illusions chimériques et dangereuses.

Nous ne pensons pas qu'il en soit ainsi : les difficultés les plus ardues peuvent être vaincues par un ardent amour du bien public, — surmontées par l'esprit de sacrifice et de solidarité, par le dévouement des hommes du pouvoir ayant au cœur le sentiment de l'équité, la préoccupation constante des intérêts populaires, la volonté ferme d'accomplir le *devoir social*, — et non plus, comme il arrive quelquefois, le souci exclusif d'assurer par tous les moyens leur ambition ou leur fortune particulière.

VOIES ET MOYENS

Les ressources nécessaires, on doit les créer. Il n'est pas impossible de les trouver. Les capitaux ne manquent pas ; il y en a autant qu'il en faut. Le tout est de les faire surgir, d'en coordonner l'action, de leur ouvrir une voie large et féconde.

L'argent est gaspillé ou mal réparti. Avec les 500 millions prodigués par la charité publique ou privée à protéger inefficacement les pauvres, on pourrait constituer une grande société française de prévoyance et de secours mutuel. Il suffirait d'en mieux distribuer, d'en mieux canaliser l'emploi en vue du bien public. Les bienfaits qui en découlent seraient centuplés par une bonne ordination sociale.

Les généreux sacrifices accomplis par les riches produiraient des fruits plus féconds, s'ils voulaient bien consentir à les reporter avec ensemble sur une grande œuvre de prévoyance destinée à secourir les misères les plus intéressantes, les plus réelles, les plus dignes de compassion.

Assurément les moyens de créer des ressources nouvelles ne font pas défaut, si l'on en juge d'après les combinaisons financières qui ont été soumises à la Chambre par des hommes éminents dévoués à la chose publique.

Quelques-unes de ces propositions sollicitent l'attention des représentants du pays.

Au premier rang se place un projet de loi présenté par

M. Maujan, ancien député de Paris, — contresigné par 142 de ses collègues, c'est-à-dire par plus du quart de l'ancienne Assemblée.

Au moyen d'une combinaison attribuant à l'Etat la rectification des alcools, — par une modification des droits de succession, — par un impôt mixte sur le capital et le revenu, les auteurs du projet offrent au Trésor public de nouvelles ressources budgétaires s'élevant à un **milliard et demi** par an.

M. Maujan et ses collègues, en formulant leurs propositions, paraissent avoir eu un objectif unique : « la Réforme fiscale » et, suivant leurs vues, les ressources nouvellement créées devraient être affectées au dégrèvement des impôts qu'ils suppriment en grande partie, notamment les contributions directes et tous les impôts portant sur les objets de consommation de première nécessité.

Un tel résultat serait considérable !

L'idéal serait, en effet, de répartir l'impôt, autant que possible, sur la richesse et sur les objets de luxe ou de moindre utilité (tabacs, alcools, etc.), et d'épargner la consommation du pauvre.

Il est souhaitable qu'on introduise de plus en plus dans notre régime fiscal l'esprit de justice et de proportionnalité. A ce point de vue le projet de budget de 1895 présenté par M. Burdeau, ministre des finances, marque un grand progrès.

La loi des finances, actuellement soumise aux Chambres, est une œuvre équitable, réformatrice, essentiellement démocratique au sens le plus élevé du mot.

La pensée maitresse qui a inspiré l'auteur du projet se révèle dans cette partie de l'exposé des motifs : « Nos réformes, dit-il, accroissent certaines charges qui pèsent sur les contribuables aisés ou fortunés, mais, étant conformes au principe de proportionnalité, elles ne leur attribuent que leur juste part d'impôts. Elles tendent à ménager les moins aisés, non par l'effet d'une répartition arbitraire, mais par la simple application de la même proportionnalité ».

Ces sages réformes seront approuvées par nos législateurs.

La question délicate du dégrèvement des impôts demande à être traitée avec une extrême prudence en face des besoins croissants du budget auquel on fait appel de toutes parts. Ce n'est qu'avec réserve que l'on doit toucher aux taxes anciennes déjà consenties par les contribuables, et qui ont fait leurs preuves, avant de les remplacer par des taxes nouvelles encore incertaines comme rendement, et qui doivent, d'ailleurs, être ménagées en vue de réaliser les réformes promises dont l'urgence absolue a été universellement proclamée.

Nous reconnaissons la nécessité de dégrever les impôts et d'améliorer le système actuel, mais on peut obtenir ce résultat par une répartition plus égale des impôts existants, aussi bien que par leur remplacement par des charges nouvelles.

Ceci admis, le premier dégrèvement à opérer, celui qui nous allégera le plus sensiblement, celui qui doit passer avant tous les autres, n'est-ce point le dégrèvement de la misère, cet impôt si onéreux, si inique, qui pèse lourdement sur la société tout entière ?

Sur ce point aucune contradiction ne sera possible !

En présence des ressources considérables offertes par les combinaisons Maujan, il y aurait possibilité de faire marcher de front, parallèlement à la réforme de l'impôt, les améliorations sociales les plus urgentes auxquelles il serait donné une immédiate satisfaction.

C'est dans cet ordre d'idées que nous serions désireux de voir accepter par le législateur, — comme base fondamentale des œuvres de prévoyance nationale, — la proposition de M. Maujan se rattachant directement à la concession du monopole des alcools à l'Etat.

A elle seule, la rectification des alcools confiée à l'Etat qui livrerait ainsi à la consommation des alcools parfaitement *purs*, rapporterait au Trésor public *un milliard*.

Que de grandes choses à accomplir, avec un pareil instrument de fortune, par une Assemblée française digne de sa mission!

Avant le dépôt du projet Maujan, la concession du monopole des alcools à l'Etat avait déjà été prônée avec ardeur par un éminent jurisconsulte, M. Algrave, professeur de *science financière* à la Faculté de Paris. — lequel avait maintes fois développé cette idée en des articles et en des conférences du plus haut intérêt.

Dans son système M. Algrave avait pour but de combattre l'alcoolisme, supprimer la fraude, et assurer à l'Etat une recette de plus *d'un milliard net par an*, « sans ajouter un centime aux *charges actuelles* du contribuable ».

Les projets de M. Maujan contre-signés par 142 Députés appartenant à toutes les fractions de la majorité, sont appuyés, en dehors de la Chambre, par des hommes politiques d'une autorité incontestée, Sénateurs, anciens Ministres, et par plusieurs Directeurs de journaux de Paris.

La ligue pour la réforme générale de l'impôt, avec ses nombreux adhérents, approuve hautement, dans une réunion présidée par M. Goblet, ancien président du Conseil, les projets de M. Maujan, et affirme qu'ils présentent les caractères d'une réforme *immédiatement applicable*.

Evidemment ces adhésions nombreuses sont une forte présomption en faveur de l'utilité pratique de ces propositions, et prouvent qu'elles méritent l'attention du législateur.

Les dispositions du projet n'apportent aucun trouble sérieux aux intérêts privés, et ne toucheraient jamais qu'un nombre très limité d'industriels qui, volontiers, moyennant une juste indemnité, s'inclineraient devant l'intérêt général absolument démontré.

L'établissement du monopole ne *coûtera rien aux contribuables*, et le consommateur n'aura pas à payer *un centime* de plus. En revanche, la suppression dans la circulation de ces boissons *falsifiées qui empoisonnent le peuple*, sera un bienfait inappréciable. La question *d'hygiène publique* joue ici un *rôle décisif*.

Jamais une proposition n'a été présentée dans des conditions plus opportunes, avec des garanties plus certaines, sous des auspices plus favorables. Aucune autre combinaison ne produirait des ressources plus développées ni plus assurées.

La Commission nommée par la Chambre à l'effet de donner son avis sur la question des alcools a, dans une séance du 17 mars 1892, accepté le système contenu dans le projet Maujan, confiant aux soins de l'Etat la rectification des alcools.

Un des derniers votes de la précédente Assemblée, qui a prononcé la suppression du privilège des bouilleurs de crù, est encore un indice favorable, un acheminement vers la constitution du monopole.

Il est certain que les combinaisons Maujan ne seront pas abandonnées par les nombreux députés qui ont approuvé le premier projet. M. Guillemet, député de la Vendée, les a déjà reprises sous forme de proposition de lois spéciales en demandant le bénéfice de l'urgence.

Il est regrettable que M. Maujan soumis comme tant d'autres aux vicissitudes du suffrage universel, ait été mis en échec aux dernières élections. Les partisans des idées de réforme perdent en lui un homme de talent dévoué aux intérêts populaires. L'heure de la revanche sonnera pour lui, et nous comptons le revoir à la Chambre où sa place reste marquée. Jusque-là, M. Maujan qui a plusieurs armes défensives entre les mains, saura, nous n'en doutons pas, affirmer avec énergie dans la presse le projet de loi qu'il eût victorieusement soutenu à la tribune, et qui gardera son nom.

La proposition Maujan, reprise et amendée par M. Guillemet et ses collègues, sera favorablement accueillie par les Chambres ; les mandataires du pays ne voudront pas renoncer au beau privilège de doter le Trésor national d'une nouvelle source de revenus importants, d'un instrument précieux de fortune qui leur permettra de réaliser de nobles entreprises.

Dans notre pensée, la mise en action des améliorations sociales repose volontiers sur l'adoption des combinaisons Maujan, — que nous voudrions voir acceptées comme base financière de la Caisse nationale des retraites.

Toutefois si, contre toute prévision, ces projets n'étaient point agréés par les Chambres françaises, nous observerons que les ressources indispensables à l'exécution des réformes peuvent être recherchées dans d'autres propositions formulées devant l'Assemblée législative.

Ainsi les divers projets de loi présentés sur une meilleure répartition de l'impôt sur le capital et le revenu fourniraient au Trésor public une somme importante, mais, selon nous, cette réforme se lie plus intimement à la réforme générale de notre système fiscal ou à la question du dégrèvement des impôts.

De même la proposition de loi signée par M. Barodet et ses collègues, — tendant à une transformation du régime successoral, — et que ses auteurs sont décidés à reproduire devant la nouvelle Chambre, aurait pour résultat de créer de nouvelles ressources budgétaires s'élevant à plus de 800 millions par an.

Indépendamment de la prime individuelle, de la cotisation patronale et des subventions de l'État, pourquoi les communes et les départements ne seraient-ils pas appelés à concourir directement à l'Œuvre des retraites dont la réalisation serait toute à leur avantage?

Les sacrifices demandés seraient plus apparents que réels puisque l'assurance contre la vieillesse et l'invalidité rachèterait, en partie, les dépenses de l'assistance publique, ainsi que les charges autrement onéreuses qui incombent à la commune et au département pour la lutte contre la misère, le vagabondage et la mendicité.

Un prélèvement de 5 0/0 sur les revenus des départements et des communes constituerait une contribution fixe, d'un recouvrement facile, immédiat, et susceptible de fournir à la Caisse nationale une précieuse ressource.

Un autre projet qui, *à défaut du monopole des alcools*, nous inspirerait confiance sous le rapport du résultat financier à obtenir, serait le prélèvement *de la dîme des pauvres* sur les biens successoraux, c'est-à-dire sur la fortune accumulée au jour du décès.

Cette proposition qui ne viserait, en somme, que des droits éventuels toujours plus ou moins incertains, ne ferait que diminuer, dans une proportion équitable, la part réservée aux héritiers. Elle serait généreusement acceptée par les hommes de bien et de dévouement à la chose publique. Celui qui devient possesseur du bien acquis par le travail d'autrui aurait mauvaise grâce à se plaindre, et n'oserait discuter la légitimité de la dîme prélevée comme *part du pauvre* sur cette même fortune qui lui est échue par le hasard de la naissance ou par la fatalité des destinées humaines.

Cet acte de bienfaisance posthume serait accompli sans trop de regret, à l'heure suprême, par les hommes compatissants qui éprouveraient une satisfaction intime à la pensée qu'une minime portion de leur fortune sera employée à de bonnes œuvres : la garantie de la vieillesse, le secours à de grandes infortunes.

Cette noble tradition serait hautement consacrée par l'approbation universelle des braves gens qui ont au cœur l'amour du prochain, et la pitié des misérables!

La dîme sociale sur les successions consistant dans une élévation de 5 à 10 0/0 des droits de mutation par décès, produirait plusieurs centaines de millions qui pourraient être affectés aux grandes œuvres de prévoyance, en première ligne à l'œuvre de l'assurance contre la vieillesse.

On le voit, le jour où les mandataires du pays auront la volonté ferme de persévérer dans la voie du progrès social, les ressources indispensables à l'exécution du programme démocratique ne feront pas défaut. C'est ce que nous avons cherché à démontrer! Il appartient au législateur de discerner quels seraient les meilleures combinaisons, les moyens financiers les moins onéreux ou les plus pratiques à employer dans l'intérêt des malheureux auxquels il faut venir en aide à tout prix.

Le pire système serait de persister dans les mêmes errements : dégrever d'un côté pour grever de l'autre; créer à mesure que les dépenses augmentent, des impôts multiples sur toutes les matières imaginables, — impôt sur les chiens, impôt sur les chevaux, sur les vélocipèdes, etc., — dont les produits minimes vont se perdre dans le gouffre béant du budget sans profit réel pour la société.

La source de ces contributions variées mais vexatoires pour les citoyens est épuisée. Il serait temps de laisser respirer le contribuable qui ploie sous le faix!

Nous devons le reconnaître; les gouvernants actuels se trouvent en présence d'une situation difficile : sauvegarder au dehors l'intégrité du territoire, — restaurer au dedans notre système financier, réaliser les réformes promises et les améliorations urgentes qui ne peuvent plus être ajournées sans péril, — c'est là une tâche presqu'au-dessus des forces humaines; il faut pour en venir à bout recourir aux mesures financières exceptionnelles.

Inutile de demander à un budget appauvri des disponibilités absentes ni de nouveaux sacrifices au contribuable écrasé d'impôts. Il s'agit de rechercher de nouvelles combinaisons.

Les ressources indispensables, on les trouvera dans la concession à l'État d'un monopole *productif, immédiatement applicable*, reposant sur une matière de luxe ou de moindre utilité, — offrant un caractère d'ordre public et moral; le monopole des alcools dont nous venons d'énumérer les avantages réunit toutes ces conditions.

Une partie des produits serait attribuée à la Caisse nationale des retraites, l'autre consacrée à la restauration de nos finances et au dégrèvement des impôts les plus onéreux.

Qu'on le veuille ou non, la cession d'un monopole au Trésor public est le seul moyen de salut. Par la force des choses il faudra en arriver là. Mieux vaut plus tôt que plus tard, ou que trop tard.

Pour nous, sans hésitation, nous donnerions la préférence à la proposition Maujan tendant à la concession du monopole des alcools à l'Etat. Mais si cette combinaison n'était pas acceptée, il ne nous paraîtrait pas injuste, en ce qui concerne une élévation des droits de succession, *lorsque les intérêts les plus sacrés de l'humanité sont ici en jeu*, qu'une minime fraction de la fortune acquise dans la société, et par le moyen de la société, fît retour dans une sage mesure à cette même société dont l'avenir dépend, avant tout, de la solution des graves problèmes de la Prévoyance nationale.

On criera au socialisme d'Etat ! L'heure n'est pas bien choisie : il ne s'agit pas de discuter sur des questions de mots ou de doctrine, mais bien de savoir si nous voulons tenter le possible et même l'impossible pour guérir cette lèpre hideuse du paupérisme qui ronge les sociétés modernes.

L'Etat a le monopole des tabacs qui rapporte 400 millions. Personne ne s'en plaint ! C'est autant de gagné pour les contribuables qui auraient à payer ces 400 millions d'une manière plus onéreuse.

Il y a cet avantage dans les monopoles d'Etat que les revenus obtenus *ne diminuent en rien* ceux des particuliers.

Les monopoles sont des exceptions à la liberté commerciale qu'il faut admettre dans certaines circonstances. Qu'il nous soit permis de citer une phrase écrite par un grand maître de l'Ecole libérale, M. Jules Simon : « L'Etat a des monopoles fiscaux, le tabac, les allumettes. J'aimerais mieux un autre système d'impôts. Mais *s'il établissait* des monopoles de défense nationale, tels que *la dynamite, ou celui de l'alcool ou des autres poisons*, la liberté n'aurait pas à s'en plaindre. *Il faut vivre !* »

Bien accueilli soit donc le nouveau monopole offert à l'Etat, ce monopole qui, en nous délivrant d'un poison mortel, nous permettra de réaliser un grand bien, de diminuer la misère.

Il n'y a pas de théorie ou de doctrine qui tienne, la société a le devoir strict de venir en aide par tous les moyens humains à ceux qui souffrent, à tous les pauvres gens. *Il faut vivre !*

Une société indifférente ou impuissante qui laisse les malheureux périr de faim et de misère, sans trouver le moyen de remédier à un état de choses aussi douloureux, est une société condamnée à mort. La réduction de la misère est le problème social qu'il faut résoudre à *tout prix et sans retard.*

La question sociale est contenue, en grande partie, dans cette proposition unique : extinction du paupérisme par les œuvres de Prévoyance nationale.

Améliorer par des institutions de prévoyance le sort des misérables est une entreprise qui peut être accomplie sans bouleverser la société. Il ne faut pas, dans la crainte vaine de faire des concessions au socialisme, méconnaître ce qu'il y a de bon et de juste dans l'idée sociale, ne pas voir la misère lorsqu'elle est réelle, rendre impossibles les réformes en refusant le concours de l'Etat, lorsqu'il est reconnu indispensable.

L'idée sociale comprise dans son vrai sens pratique, nous révèle une des formes de la bienfaisance, l'assurance par la mutualité contre les accidents et les risques sociaux. Ne la repoussons pas de parti-pris dans ses manifestations légitimes, car elle s'appuie sur deux forces incomparables, l'esprit d'ordre méthodique, le principe de justice et de solidarité humaine.

Assises sur ces larges bases : Liberté, Ordre et Solidarité, les Sociétés humaines enfanteront des vertus et des miracles.

REVENUS ÉVENTUELS

DE LA CAISSE NATIONALE D'ASSURANCE

Avant de nous livrer au calcul des dépenses nécessitées par le service des retraites, il était indispensable de rechercher les moyens et les ressources qui pouvaient être créées pour y subvenir. Cette étude terminée, il s'agit de nous rendre compte des revenus éventuels de la Caisse nationale, suivant les bases financières du projet ministériel reconnues dans notre système avec leur développement rationnel et légitime.

La prime individuelle, la cotisation patronale et les allocations de l'Etat représentent en moyenne un versement de vingt centimes par jour, à reporter sur le compte personnel de chaque assuré.

Si nous consultons les tables des Compagnies d'assurance et les tarifs de la Caisse nationale déjà existante, si nous nous en rapportons aux calculs relevés dans les divers projets sur les retraites, — et affirmés par la proposition ministérielle, il résulte de cette étude que ce versement de vingt centimes par jour effectué de 18 à 60 ans serait suffisant, avec les intérêts composés et les chances de mortalité, pour assurer à chaque participant une retraite minimum de 500 francs, — plus la garantie, en cas de décès, d'une pension de secours partagée entre la veuve et les orphelins, conformément aux prévisions du projet Constans.

Nous démontrerons tout à l'heure, par une donnée générale et par des chiffres précis, que ces calculs de probabilités sont exacts.

Cette pension de retraite assure les besoins alimentaires de chacun. Le concours pécuniaire de l'Etat ne peut être qu'à ce prix un objet d'utilité publique. Arracher le vieillard à la détresse, tel est le but d'ordre moral et social poursuivi par le législateur. Le devoir de la société ne va pas au delà.

Il appartiendra aux personnes aisées ou gagnant des salaires supérieurs de s'assurer par leur initiative personnelle et par une économie plus sévère une rente viagère mieux appropriée aux milieux où elles se trouvent.

Il est de principe que les institutions d'assurance déjà existantes ou à créer dans l'avenir, groupes professionnels, associations corporatives, caisses privées de retraites conserveront leur autonomie complète, et demeureront tout-à-fait distinctes et indépendantes de la Caisse nationale.

Les encouragements et les subventions de l'Etat seront réservés aux Sociétés privées de retraites en proportion du nombre de leurs membres participants; les versements seront effectués à la Caisse centrale pour être convertis en rentes d'Etat, ou bien, si elles le préfèrent, elles en garderont l'administration, et feront fructifier elles-mêmes leurs ressources, en se conformant aux dispositions de la loi.

Les patrons associés à la fondation d'une Caisse privée de retraites au profit des hommes qu'ils emploient, et les ouvriers y participant seront dispensés de droit de tout versement à la Caisse nationale.

Ainsi se trouvent garanties les libertés des initiatives privées : chaque groupe d'individus peut organiser l'assurance à son gré, chaque citoyen peut choisir son assureur, pourvu qu'il soit assuré, comme l'exigent le soin de sa sécurité personnelle et l'intérêt de la société.

L'assurance organisée sous l'inspiration du pouvoir public sera d'un précieux secours pour ces masses d'individus, *hommes et femmes qui vivent isolés*, et qui, en l'absence de toute organisation corporative, ne font partie d'aucune association. C'est là l'intérêt et la raison essentielle de la création de la Caisse nationale. Cela ne veut pas dire que l'Etat aura le monopole des assurances. Il lui importe, au contraire, d'être délivré, au moins en partie, d'une si lourde responsabilité.

Quel que soit le mode d'assurance adopté par les individus, les vues généreuses du législateur seront remplies : Cette adhésion universelle à l'Œuvre de prévoyance sauvegardera l'avenir de la famille dans la mesure des prévisions humaines ; *l'invalide, le vieillard, la femme et l'enfant* seront désormais garantis contre les incertitudes de l'existence et les dures privations de la misère.

Les avantages offerts par l'Institution nationale à ses adhérents sont déjà très appréciables. Une pension alimentaire de 500 francs pour chaque assuré, ou de 1,000 francs dans chaque ménage, — dont les vieux époux peuvent avoir la jouissance commune, — une pension de secours à la veuve et aux orphelins sont des appoints qui ne sont à dédaigner pour personne, pauvre ou aisé.

On ne verra plus des familles entières périr par la faim, ou déserter volontairement la vie, faute de moyens d'existence.

Etudions maintenant dans leur ensemble les ressources dont disposera la Caisse nationale pour assurer le service des pensions de retraite.

D'après les documents officiels comparés, le dénombrement de la population française, suivant les divers âges, se décompose de la manière approximative suivante :

De un an à 18 ans	14 millions
De 18 à 60 ans (sur lesquels on compte 10 millions de salariés)	20 »
De 60 ans et au-dessus	4 »
	38 millions

Ce dénombrement de la population permet d'évaluer les revenus approximatifs de la Caisse des retraites :

1° La prime d'assurance individuelle de cinq centimes par jour de travail, soit 15 francs par an donnera, pour les vingt millions d'individus de 18 à 60 ans, la somme de trois cents millions ;

Nous avons fait ici une évaluation d'ensemble dont il y aurait lieu de déduire les fonctionnaires, tous les individus assurés aux Caisses privées de retraite, les incapacités de travail qui ne peuvent rien verser et dont les primes restent à la charge de la collectivité. Ce dénombrement importerait peu. Les chiffres peuvent être variables sans altérer sensiblement les résultats probants qui resteront les mêmes *proportionnellement* au nombre des assurés.

Il est évident que si le chiffre des primes versées est abaissé, le nombre des pensions à servir diminuera dans la même progression.

2° La contribution des employeurs de dix centimes par jour pour chaque employé, soit trente francs par an, rapportera pour les dix millions de salariés, trois cents millions;

La contribution de la collectivité patronale rencontre certaines difficultés. On invoque la concurrence étrangère et les intérêts généraux de l'industrie. Ces objections ont déjà été prévues :

Une si minime élévation des salaires ne serait pas susceptible d'entraver l'essor de l'industrie nationale, assurent des hommes compétents. C'est là une avance qui serait bientôt rémunérée sans trouble serieux par les membres de la Société, sous toutes les formes de la consommation qui deviendra plus abondante, au grand avantage de la production, par le fait seul de l'augmentation du bien être.

Les industriels allemands participent à la constitution des retraites de leurs employés, les industriels français peuvent et doivent le faire !

Un certain nombre de hauts industriels ont reconnu loyalement devant la Commission du travail que l'industrie française pouvait supporter cette charge sans se trouver en état d'infériorité vis-à-vis de l'industrie étrangère.

Dans le cas où l'opinion contraire devrait prévaloir, nous observerons qu'il existe deux moyens de vaincre cet obstacle.

Ou appeler les départements et les communes à contribuer à l'œuvre des retraites par un prélèvement de 5 0/0 sur leurs dépenses générales. Cette solution serait équitable, car le premier effet de la loi sera de les dégrever, en partie, de leurs charges de l'assistance publique. Leur concours. faciliterait le moyen d'abaisser la contribution industrielle à un taux très modéré.

Ou bien élever la prime individuelle de cinq à sept centimes par jour, soit 20 francs au lieu de 15 francs par an.

Cette simple augmentation de deux centimes produirait à l'actif de la Caisse des retraites un surcroît de revenus annuels de 120 millions, — qui permettrait encore de réduire la contribution patronale à cinq centimes par jour de travail. Cela n'aurait rien d'excessif.

Le sacrifice serait plus sensible pour l'assuré, mais sans dépasser, malgré tout, les possibilités communes. La certitude de l'avenir garanti aux vieux parents, à la famille, et pour soi-même, serait aux yeux de tous un encouragement et une récompense pour le prix du nouvel effort.

3° Les subventions de l'Etat, dix centimes par jour de travail ou trente francs par an, produiront pour les 20 millions d'individus de 18 à 60 ans, 600 millions.

Ces subventions seront prélevées sur une partie des produits du monopole des alcools, ou, à défaut, sur *la dîme des pauvres* à établir sur les successions.

Nous rappelons que dans la précédente Assemblée 142 députés ont signé le projet de loi relatif à la concession du monopole des alcools. Des hommes politiques autorisés, des sommités de la science financière, plusieurs directeurs de journaux de Paris ont approuvé cette combinaison et affirmé qu'elle présente les caractères d'une réforme *immédiatement applicable*, — susceptible de rapporter au Trésor public un revenu d'*un milliard* par an.

Dans ces conditions, les produits du monopole, réservés exclusivement à la Caisse de prévoyance nationale, seraient suffisants au besoin, avec le seul concours de la prime individuelle des assurés, pour réaliser la grande Œuvre des retraites.

Récapitulation :

1° Primes d'assurances individuelles.	300 millions.
2° Cotisations des patrons	300 »
3° Subventions de l'Etat.	600 »
4° Contribution des départements et des communes	»
	1200 millions

Les parts contributives réunies de l'employeur, de l'employé et de l'Etat donneront donc un rendement total s'élevant à 1200 millions à l'actif du budget des retraites.

FONCTIONNEMENT

Il s'agit, avec ces ressources, d'assurer le présent et de préparer l'avenir, c'est-à-dire de créer tout à la fois le fonds de capitalisation de l'Œuvre de prévoyance, et de subvenir aux besoins de la génération existante dont il importe de se préoccuper avant tout.

La division des ressources de la Caisse en deux portions équivalentes est naturellement indiquée pour atteindre ce double résultat :

La moitié des ressources annuelles, soit 600 millions, serait placée, chaque année, en rentes d'Etat, par voie d'amortissement de la dette publique pour consolider le fonds de réserve de la Caisse d'assurance; la seconde moitié, soit les 600 millions restants, serait consacrée aux besoins de l'heure présente.

Il est évident que cette répartition des revenus annuels de la Caisse n'est présentée ici qu'à titre d'indication et dans un intérêt essentiel de simplification.

Le remploi et la distribution des ressources annuelles peuvent être modifiés et adaptés aux diverses combinaisons approuvées par le législateur, et aussi selon l'application qui sera faite des principes et des règles techniques de l'Assurance.

En formulant des chiffres précis, nous avons essayé de donner plus de clarté à la démonstration ; nous avons voulu, — en dehors des combinaisons délicates et un peu aléatoires de la science des assurances, — prouver par des calculs basés sur les simples règles de l'arithmétique *que les intérêts* et *les capitaux* de réserve se développant, d'année en année, dans une progression constante vec les pensions de retraite en liquidation, *l'équilibre* des dépenses et des recettes se maintiendrait stable, — qu'en un mot, le montant des recettes représenterait exactement les dépenses nécessitées par le service des pensions partielles ou intégrales, au fur et à mesure qu'elles arriveraient à leur échéance.

Les capitaux affectés à la consolidation du fonds de réserve atteindraient en peu de temps un chiffre considérable :

La loi n'atteignant son développement complet que dans un cycle de cinquante années, et même dans un cours d'années plus éloigné, les 600 millions placés annuellement en rentes sur l'Etat constitueront, au bout de ce temps (sans compter les intérêts) un fonds de capitalisation de 30 milliards, — approximativement le chiffre auquel s'élève la dette publique actuelle. Le calcul se résout par une simple opération arithmétique.

600 millions $\times$ 50 années $=$ 30 milliards

qui rapportent à 3 0/0 environ un milliard d'intérêts par an.

Ajoutons ce milliard aux 1200 millions produits par les versements des assurés, des patrons et de l'Etat, les ressources totales de la Caisse nationale s'élèveront, à partir de la cinquantième année de sa fondation, à 2200 millions par an.

Or, suivant le dénombrement de la population en France, nous comptons environ quatre millions d'individus âgés de 60 ans, pouvant concourir à la Retraite. Les 2200 millions de revenus annuels de la Caisse seront donc, et bien au delà, à l'époque de son plein développement, *l'équivalent* des dépenses nécessitées par le service des pensions viagères.

Ainsi, dans une période d'années relativement courte, la dette publique se trouverait amortie et transformée en rente d'assurance des retraites. L'Etat, au lieu d'avoir à payer les arrérages à ses créanciers, consacrera cette même rente au service d'une œuvre exclusivement nationale, c'est-à-dire à son profit propre.

Les principales dispositions de la loi sur les retraites, qui découlent logiquement des principes invoqués dans le cours de la discussion, sont les suivantes :

I. La *Prévoyance* est un *Devoir social* que tout citoyen français a l'obligation de remplir ;

II. Tout Français de l'un et de l'autre sexe versera à la Caisse nationale, ou, à son choix, dans une Caisse privée de retraites, une prime d'assurance de cinq centimes par jour ;

Le versement des primes afférentes aux indigents invalides ou aux incapables du travail seront à la charge des communes ;

III. Tout employeur versera une cotisation de dix centimes par jour pour toute personne qu'il emploie à son service, — et de quinze centimes si l'employé est étranger ;

IV. L'Etat majorera de dix centimes le versement journalier effectué par chaque citoyen dans les caisses de prévoyance. Ces subventions seront prélevées sur les produits du monopole des alcools ;

V. Tout citoyen français a droit au bénéfice de la pension de retraite, à la seule condition de verser la prime d'assurance de cinq centimes par jour, l'année comprise de 300 journées de travail ;

Les primes sont exigibles de 18 à 60 ans révolus ;

VI. La pension de retraite fixée à 500 francs par an sera liquidée à 60 ans, en proportion des versements. En cas de décès, une pension de secours sera allouée à la veuve et aux orphelins ;

L'ayant-droit à une rente viagère aura toujours la faculté de proroger la date d'entrée en jouissance de sa pension, s'il veut en augmenter le chiffre ;

En cas d'infirmités prématurées entraînant incapacité absolue de travail, la pension sera liquidée par anticipation, sans condition d'âge, à raison des versements ;

VII. Les cotisations concernant les hommes en activité de service militaire seront prélevées sur la contribution patronale, relative à l'emploi des ouvriers étrangers ;

VIII. Les patrons associés à la fondation d'une Caisse privée de retraites, ainsi que les ouvriers y participant, seront dispensés de droit de tout versement à la Caisse nationale ;

IX. Les institutions d'assurance déjà existantes, ou à créer dans l'avenir, groupes professionnels, associations corporatives, caisses privées de retraites, conserveront leur autonomie complète, et demeureront indépendantes de la Caisse nationale ;

Les encouragements et les subventions de l'Etat seront réservés aux sociétés privées, en proportion du nombre de leurs membres participants ;

X. Les bienfaits de la loi de prévoyance sont étendus à la famille de l'assure. En cas de décès du chef de famille, la veuve et les orphelins auront droit, suivant leur nombre, à une pension de 3 à 500 francs, jusqu'au jour où les orphelins auront atteint la seizième année, âge où l'adolescent est capable de gagner sa vie.

PÉRIODE TRANSITOIRE

La question délicate du remploi des fonds de retraites élucidée, et la dotation de la Caisse de prévoyance bien garantie, il s'agit de pourvoir aux dépenses de la période transitoire à parcourir, avant d'avoir atteint l'époque où la loi fonctionnera dans son plein développement.

Les effets d'une bonne loi sur les retraites doivent être sinon immédiats, du moins le plus rapprochés possible; il est juste que la génération existante qui, en l'absence de toute loi de prévoyance, a été privée du moyen de se prémunir contre les risques de l'avenir, puisse, dans la mesure des disponibilités présentes, bénéficier de ses avantages.

Dans ce but la seconde moitié des revenus annuels de la Caisse, soit six cents millions, seront attribués aux besoins de l'heure actuelle.

En premier lieu, pour venir en aide aux indigents invalides de tout âge, aux veuves et aux orphelins actuellement réduits à l'extrême misère.

Les Conseillers municipaux qui seuls, sont à mêmes d'apprécier les besoins locaux de l'assistance dresseront, chaque année, la liste des indigents invalides existant dans la circonscription communale, — lesquels seront admis dans les établissements hospitaliers ou recevront, à titre viager ou temporaire, une pension de secours qu'ils seront libres de dépenser dans leur famille naturelle ou d'adoption.

Cette pension sera payée, les deux tiers sur les revenus de la Caisse nationale, et un tiers par la Commune sur les fonds réservés aux œuvres de bienfaisance.

Le chiffre de cette dépense ne sera pas supérieur à celui qui est absorbé, dans l'ensemble des communes de France, par les dépenses actuelles de l'Assistance publique.

En second lieu, pour constituer, pendant la période transitoire, les bonifications de retraite en faveur des individus qui, trop âgés au moment de la promulgation pour atteindre le plein effet de l'assurance, n'obtiendraient qu'une pension insuffisante ou dérisoire.

Il est certain que les travailleurs *au-dessus de* quarante ans, commençant leurs versements à partir de cet âge pour entrer en jouissance de la retraite à 60 ans, n'auraient que des pensions extrêmement minimes. On doit leur donner une aide efficace dans la mesure financière du possible, mais dans ces conditions l'âge de la retraite serait fixé à une limite plus éloignée, à 65 ans, — afin qu'il fût permis de leur accorder une retraite plus élevée.

Au-dessous de quarante ans, la pension sera liquidée à l'âge de la retraite légale, soixante ans, en proportion des versements effectués, ou bien elle sera reculée à une date plus éloignée, si l'ayant-droit désire augmenter le chiffre de sa rente.

Tout individu qui aura, au moment de la promulgation, atteint l'âge de soixante ans fixé pour la retraite sera admis, par privilège circonstanciel, à participer au bénéfice de la loi, à la condition d'avoir versé la prime d'assurance, au moins pendant cinq années consécutives. La pension pourra être bonifiée jusqu'à concurrence de 300 francs.

Les majorations de retraite seront spécialement constituées au profit des personnes indigentes dépourvues de ressources suffisantes pour vivre. Elles ne dépasseront point, dans le principe, la somme de 300 francs.

Dès la première année, la seconde portion des revenus de la Caisse, ou les six cents millions réservés aux besoins de la génération actuelle permettront de subvenir actuellement au service de plus d'un million de pensions de retraite ou de secours qui seront allouées aux invalides, aux vieillards sans asile, aux veuves et aux orphelins dénués de tout moyen d'existence.

Ce sera là, dans une proportion très notable, un grand bienfait, un soulagement *immédiat* apporté à de cruelles infortunes, la suppression de beaucoup de misères dignes de pitié.

Le système de bonifications des retraites que nous venons d'esquisser, rentre dans le cadre des idées exposées dans le projet du gouvernement et dans les principales propositions de lois, — en ce qui concerne la constitution des pensions de retraites insuffisantes pendant la période transitoire.

En dehors de ce système, l'ensemble et l'étude comparée des projets dus à l'initiative parlementaire permettent d'entrevoir diverses combinaisons susceptibles d'intéresser le législateur ayant le souci de son mandat. Une proposition présentée par M. Laisant et plusieurs de ses collègues, renferme le germe d'une idée féconde qui, s'appuyant sur des moyens d'action plus étendus, et transposée dans ses données principales pourrait servir de base à une combinaison pratique qu'on nous permettra d'analyser brièvement.

Nous présentons ce dernier aperçu à simple titre d'étude intéressante.

Le triple concours de l'ouvrier, du patron et de l'Etat étant assuré à la Caisse nationale, nous avons calculé que ses ressources s'élèvent, dès le premier jour de sa fondation, à 1200 millions par an.

Ces revenus seraient divisés en deux parts distinctes.

La première moitié, placée en rentes d'État, serait exclusivement consacrée à la dotation de la Caisse et à l'amortissement de la Dette, — ainsi que nous l'avons déjà expliqué.

La seconde moitié serait appliquée au fonctionnement de la Caisse de prévoyance, de manière à assurer immédiatement une pension de retraite aux individus les plus âgés, — d'après les dispositions suivantes :

Tout Français de l'un et de l'autre sexe qui aura atteint l'âge de 68 ans révolus aura droit, à partir du jour de la promulgation de la loi, à une pension de retraite de 300 francs par an ;

Seront exceptés ceux qui, à un titre quelconque, posséderont un revenu supérieur à 500 francs.

Les statistiques officielles indiquent que le nombre des individus au-dessus de 68 ans s'élève à 1500 mille environ. Suivant ce calcul, la seconde moitié des revenus annuels seraient plus que suffisante pour constituer *actuellement* aux vieillards de cet âge une pension de retraite au minimum de 300 francs par an.

Cette première application ne serait qu'un point de départ qui doit être promptement dépassé.

Dans l'économie de ce projet, les intérêts des capitaux placés annuellement seront également affectés, à mesure qu'ils s'accroîtront, à la constitution de nouvelles pensions de retraite.

Dans ces conditions les revenus croissant chaque année, la limite d'âge reculée au début s'abaissera successivement de 68 à 67, à 66 ans, ainsi de suite jusqu'au jour peu éloigné où elle aura atteint le minimum de 60 ans.

Ce premier résultat obtenu, il ressort que les revenus de la Caisse continuant à se développer dans la même proportion, serviront désormais, non plus à abaisser la limite d'âge, mais à augmenter le chiffre de la pension qui s'élèvera progressivement de 300 à 500 francs, chiffre de la retraite intégrale fixée par la loi.

A la suite de cette double opération, abaissement de la limite d'âge, relèvement du taux de la rente viagère, les intérêts des adhérents à la Caisse seront sauvegardés dans le juste rapport des versements effectués.

Ainsi les individus qui, à cause de leur âge avancé, n'auront rien versé à la Caisse, toucheront par privilège circonstanciel, une pension minimum de 300 francs par an.

Ainsi, à mesure que les versements seront devenus plus nombreux, les assurés verront s'abaisser devant eux la limite d'âge, puis s'élever le taux de la pension jusqu'au jour où toutes les conditions de versements auront été accomplies.

A ce moment, la loi aura atteint son plein effet. Tous les citoyens, sans distinction de catégories, auront, à soixante ans, la jouissance d'une pension de retraite de 500 francs par année. La période transitoire sera définitivement close.

Si nous ne nous faisons pas illusion, ce système basé sur des calculs invariables d'arithmétique est susceptible d'être mis utilement en pratique.

Les amortissements sériés de la dette opérés, chaque année, sur le même chiffre, dans des conditions identiques parfaitement délimitées, seraient effectués sans difficulté, sans porter aucun trouble sur le marché financier.

Le nombre des pensions augmentant dans une progression constante avec les intérêts de capitalisation, il en résulte que la balance entre l'actif et le passif restera toujours en parfait équilibre. Le fonctionnement de la Caisse nationale aura lieu d'une manière régulière, sûre, sans aléa ni mécompte possible.

En relevant le nombre des vieillards de chaque âge, et en même temps le chiffre des revenus croissant chaque année nouvelle, il sera facile de déterminer d'avance les dates auxquelles la limite d'âge sera abaissée, et le taux de la pension successivement relevé.

Cette méthode, conforme aux principes d'égalité et de justice, ne laisse place à aucune méprise, à aucune faveur. Les droits acquis reposent sur des bases certaines, indiscutables, résultant uniquement du privilège de l'âge et du nombre des versements.

Transfert des charges de l'assistance publique; meilleure répartition des ressources et des dépenses; amortissement de la dette publique.

L'esprit demeure interdit en présence de ces gros chiffres, de ces avances colossales qui nous apparaissent aujourd'hui comme une utopie irréalisable, mais qui n'étonneront plus les générations futures mieux instruites de l'efficacité et de la grandeur des Œuvres de solidarité.

Cependant ces dépenses nous sembleraient moins exagérées à nous-mêmes, si nous voulions bien réfléchir aux centaines de millions que l'assistance publique et la charité privée engloutissent chaque année dans le gouffre de la misère, et cela pour n'obtenir qu'un bien faible résultat, par suite de la déperdition des forces, du peu d'unité et de cohésion de si généreux efforts.

Enumérons ce que coûtent les œuvres de bienfaisance publique et privée, les asiles des orphelins, les dépôts de mendicité, les prisons, les dépenses de l'Etat et des communes pour la lutte contre le vagabondage et la mendicité, et nous serons vite convaincus que le nouveau système constituerait, en grande partie, un simple transfert de charges, plutôt qu'une dépense nouvelle.

Compterons-nous ce que nous coûte cette population nomade d'indigents, vieillards ou invalides qui pullule dans nos villes et dans nos campagnes ?

D'après les statistiques officielles, nous avons en France près d'un million d'individus vivant de la charité publique ou privée, (annuaire statistique publié sous les auspices du ministre de commerce, année 1889).

Il y a là une dépense énorme faite sans discernement. Avec cette même dépense, on pourrait donner à ces vieillards, à ces invalides un secours qui leur permettrait de vivre chez eux, dans leur famille naturelle ou de prédilection, — où, en échange de quelques soins affectueux, ils apporteraient leur modeste pension qui serait partout bien accueillie.

Ce système ne serait-il pas plus rationnel, plus humain que de laisser vivre ces malheureux en état de vagabondage et de mendicité sur la voie publique, — ou bien de les entretenir à grands frais d'administration dans les établissements luxueux où, privés de toute liberté, ils s'étiolent de consomption et d'ennui, — ou encore dans les dépôts de mendicité et dans les prisons.

Cette méthode a été très heureusement appliquée en Belgique au profit de certaines catégories de malheureux qu'on a retirés des asiles publics pour les placer dans les familles de la campagne où ils sont soignés et bien reçus.

« C'est en ouvrant un large compte au Budget de la prévoyance, dit excellemment M. Bérard dans sa proposition de loi, que l'on travaillera le plus efficacement à restreindre le budget de l'aumône et de la répression ».

Certes, nos petits-neveux souriront à la pensée de notre Budget si parcimonieux de la prévoyance; convaincus par l'expérience de la puissance de l'Idée de mutualité, ils ne considèreront plus aucune dépense exagérée, dès qu'il s'agira de ce noble but à atteindre, l'extinction de la misère, le mieux-être de tous, la paix sociale.

Il faut de l'argent, beaucoup d'argent si l'on veut franchement aborder les questions d'amélioration sociale. Il est devenu urgent d'édifier sur de larges bases le Budget de la prévoyance et de la paix. Celui-là ne donnera pas de mécomptes, n'accumulera aucune ruine, et sera un élément de concorde et de prospérité.

Les sacrifices accomplis dans un but de solidarité profiteront à tous. Cette certitude se révèle d'elle-même par l'examen des conséquences immédiates qui seront obtenues par l'œuvre des retraites. Rendons-nous en compte :

Chaque membre d'une même famille a, d'abord, à verser une prime d'assurance personnelle. C'est une charge! Mais cet argent qui sort de la maison sous forme de cotisation personnelle n'y rentrera-t-il pas bientôt, — immédiatement pour les plus pauvres, — sous la forme tangible d'une rente accordée aujourd'hui à l'un des membres âgés ou invalides de la Famille? Et chacun n'aura-t-il pas son tour demain ?

Les versements des industriels et de l'Etat ne reviendront-ils pas également à la collectivité sous la forme d'allégements des charges d'assistance publique, sous forme d'une consommation et d'une production plus intenses ?

On a objecté que les capitaux versés dans la Caisse d'assurance y demeureraient immobilisés et improductifs au détriment des fortunes privées et de l'industrie. C'est une erreur profonde!

Nous avons déjà répondu à cette objection et indiqué sommairement le mécanisme du système.

Quel remploi sera fait des fonds des retraites ?

Ces capitaux immédiatement colloqués en rentes d'Etat par amortissements sériés viennent *se substituer* purement et simplement aux capitaux représentés par les titres de rente. Ce sont ceux-là qui sont *inertes et inutiles* à la production. Maintenant ils vont reprendre le mouvement et la vie, par suite des remboursements successifs de la Dette.

En effet, que vont devenir ces capitaux remboursés ? Ils ne peuvent rester infructueux entre les mains des capitalistes. La nécessité d'un nouveau placement est urgente. Que se passera-t-il ? Ceci infailliblement :

Ou bien les capitaux remboursés seront *simultanément convertis en valeurs nouvelles* reposant sur de grandes entreprises d'intérêt national dûment constaté, — auxquelles seront offertes les mêmes garanties qu'à la rente ;

Ou bien ils se reporteront d'eux-mêmes dans l'industrie ou sur la propriété foncière. La valeur immobilière sera triplée. L'industrie et l'agriculture, soutenues par un crédit largement ouvert, reverront des jours plus prospères.

Les capitaux privés trouveraient incontestablement dans les associations corporatives, notamment dans les sociétés de construction des habitations ouvrières, un remploi avantageux qui profiterait à l'embellissement de nos villes et à l'accroissement continu de toutes les branches de l'Industrie nationale.

Les rentes converties pourraient encore être utilisées au rachat des canaux, mines et chemins de fer nationaux, dans des conditions favorables si, un jour, l'opportunité de ces opérations s'imposait dans un intérêt d'ordre intérieur ou de défense extérieure.

Dans l'une ou l'autre de ces diverses hypothèses, ces masses de capitaux ensevelis dans les fonds d'Etat reprennent l'action et la vie, et se répandant par millions, chaque année, dans la circulation publique, développent partout sur leur passage la production, la consommation et le bien-être.

On ne saurait trop le répéter : il n'y a pas, dans les sacrifices consentis pour la création de la Caisse des retraites, une dépense proprement dite, encore moins une dépense improductive, mais *une simple avance de fonds, un virement de capitaux, une circulation plus active de l'argent, une bonne ordination des ressources et des dépenses, une meilleure répartition de la richesse.*

Ce qui fait la fortune d'un pays, la prospérité du commerce, n'est-ce point la circulation active sans cesse renouvelée de l'argent, dont la valeur est ainsi quintuplée ?

Plus on y réfléchit, plus on acquiert la certitude que l'Œuvre des retraites bien comprise est non seulement une haute réforme morale, pleine de promesses, mais encore une opération financière d'un ordre élevé.

La sage application des principes de mutualité nous réserve plus d'une surprise : La question qui nous occupe se révèle sous un aspect nouveau, car elle contient en germe la solution d'un grave problème économique, l'amortissement de la dette publique.

Il y a là un programme financier qui mérite, peut-être, l'attention d'un grand ministre et de la haute banque française.

La transformation de la dette publique en rente de garantie au profit de la Caisse des retraites constitue dans la réalité des choses un véritable amortissement.

Non! réplique-t-on, transformer une dette en une autre dette ne constitue pas un rachat de créance, ni une libération; l'Etat qui paie aujourd'hui les arrérages de la dette à ses créanciers, aura à les payer demain à la Caisse nationale. Oui, il est bien vrai! Mais en fait, comme l'Etat est le représentant direct de la Société, c'est à lui-même ou à son profit qu'il aura payé les intérêts exigibles. Il sera allégé d'autant des lourdes charges qui pèsent sur lui du chef de l'assistance publique.

A un titre quelconque, il y a bien là une libération!

Au surplus, nous n'aimons pas à discuter sur les mots, si on le veut, n'appelons plus cette opération un amortissement de la dette, appelons la plus modestement une transformation de la dette publique. Les résultats resteront les mêmes.

Les arrérages des titres de rente, aujourd'hui entre les mains de beaucoup d'étrangers qui les dissipent au dehors, s'élèvent à plus de 1,200 millions par an. Ces charges énormes dévorent le tiers du budget de l'Etat, et absorbent la substance vive du pays sans aucune compensation.

Après la transformation de la dette publique en rente d'assurance mutuelle, il en sera tout autrement : d'une dette onéreuse on aura fait une rente de secours et de production. Ces mêmes arrérages payés jusqu'ici aux porteurs des titres, seront désormais appliqués à une œuvre d'un intérêt exclusivement français, et l'État n'aura plus à rembourser le capital à ses créanciers.

D'autre part nous avons de vastes entreprises à mener à bonne fin sur toute la surface du territoire ou dans nos pays de possession française; nous aurons, pour les réaliser, si nous le voulons, une grande partie des capitaux rendus disponibles à l'occasion des conversions successives de la dette.

Ces masses de millions qui, à chaque période d'amortissement annuel, rejailliront en source fertilisante sur le marché public, rien ne nous empêchera de les recueillir à notre profit. Il ne sera pas impossible avec le concours de nos grandes sociétés financières, de les faire reporter sur des entreprises d'un haut intérêt national productif. Ces riches capitaux deviendront partie intégrante de notre patrimoine, si nous savons leur faciliter un remploi fructueux et garanti.

La France aura payé sa dette, récupéré les milliards empruntés depuis un siècle; elle se sera enrichie en accomplissant une grande Œuvre nationale et humanitaire.

CONCLUSIONS

On a eu raison de l'affirmer : L'institution des retraites « si désirable encore que si malaisée » est, entre toutes les améliorations sociales, celle qui présente le plus d'intérêt pratique; elle soulève, toutefois les plus grosses difficultés, et demande de fortes disponibilités. Mais hâtons-nous de le dire : les bienfaits qui en découlent nous offrent des compensations précieuses, inappréciables.

Les capitaux consacrés aux institutions de prévoyance, en diminuant la misère, en répandant une aisance relative dans la famille ouvrière, apporteront une nouvelle force au travail et à l'industrie.

Un premier avantage sera la récompense immédiate des sacrifices acceptés. Chaque famille compte, parmi ses membres, des vieillards aimés auxquels elle est dans l'obligation morale de venir en aide, des ascendants, un père, une mère, de vieux parents affectionnés. Tous auront désormais une pension de retraite! Ce sera là un allégement pécuniaire très sensible dont la Famille profitera.

Sans rien exagérer, le jour où la loi aura atteint son plein développement, on pourra hardiment affirmer que chaque famille française se sera enrichie d'une rente de 500 francs à 1,000 francs au profit de ses membres les plus âgés.

Ce sera le mieux-être dans la famille de l'ouvrier des villes. Ce sera la fortune dans la maison du paysan !

Les hommes les plus indifférents aux réformes reconnaissent volontiers l'efficacité du principe de mutualité, les bienfaits que l'on serait en droit d'attendre d'une bonne loi sur les retraites. Néanmoins, les objections ne tardent pas à se présenter : Tout cela, dit-on, est bien en théorie, mais peu pratique dans la réalité des choses. Tous ces systèmes sont impossibles, dispendieux, les ressources insuffisantes, les moyens d'action impuissants, c'est une utopie ! L'esprit de sacrifice et de dévouement, ajoute-t-on, les aumônes abondantes, les Sociétés de bienfaisance, la charité privée sont les seuls moyens d'adoucir le sort des vieillards et des malheureux.

La charité et l'aumône ! Pratiquer la vertu de charité est une bonne chose, pratiquer la justice sociale est encore mieux. Un peu plus de justice en ce monde, et nous aurons moins besoin d'aumônes et de charités.

La Charité vraiment effective est celle qui offre au pauvre le moyen de se relever et de se refaire une situation sociale.

La Charité privée soulage bien quelquefois les misères accidentelles, quelques misères individuelles dans l'océan des misères, mais sans ressources suffisantes, sans cohésion, sans unité d'action elle a toujours été, et elle sera toujours impuissante à accomplir le Bien qu'il y a à faire.

L'effort collectif, méthodique et continu peut seul, en remontant aux causes premières, porter remède aux maux qui affligent le genre humain, prévenir la Misère.

Le système est impossible ? Pour quels motifs?

Demander au travailleur un léger effort en vue de la sécurité de son avenir et de celui de sa famille ; — solliciter dans une mesure équitable et modérée la participation du capital à la constitution d'une retraite en faveur de celui qui a contribué à la fortune publique par son travail ; — faire appel, comme couronnement de l'œuvre, au concours nécessaire de l'Etat, en lui procurant des ressources nouvelles par la concession d'un monopole qui n'aggravera en rien les charges du contribuable ; où y a-t-il là vraiment des impossibilités absolues ?

Nous rappellerons ici les termes de la loi sur les retraites promulguée en Danemark, le 1er juillet 1891. Ce sera le meilleur argument.

Tout Danois de l'un ou l'autre sexe a droit, à l'âge de 60 ans, à une pension de retraite, à la condition d'être de bonne vie et mœurs, de n'avoir que des ressources insuffisantes pour vivre, et de n'être pas secouru par l'Assistance publique.

Ce que la monarchie danoise a fait, la République française *peut* et *doit* le faire !

Trop dispendieux ! Certes, une réforme d'une si haute portée sociale ne sera pas réalisée sans des sacrifices et de grosses avances. Il y a des choses qu'on ne saurait payer trop cher ! La création des Caisses de retraite en mettant fin à des maux intolérables, à des misères imméritées qui révoltent la conscience populaire, contribuera beaucoup à assurer la paix sociale très menacée de nos jours. Cette perspective enviable ne vaut-elle pas quelques efforts énergiques ?

Il s'agira, en outre, de savoir si la pension de retraite coûtera beaucoup plus cher que l'hospice, les asiles des invalides, le dépôt de mendicité ou la prison.

L'Œuvre de la vieillesse est une amélioration si désirable, d'un intérêt si puissant, si urgent, qu'aux yeux des hommes bons et dévoués, aucun sacrifice ne paraîtra exagéré pour réaliser un tel bienfait.

Les moyens d'action seront insuffisants, les disponibilités feront défaut. Evidemment ce n'est pas à un budget obéré, à peine équilibré, que l'on doit demander des disponibilités qui n'existent pas. Il faut s'adresser ailleurs.

Un éminent économiste, M. Algrave, professeur de science financière à la faculté de Paris, — plus de 140 députés appartenant à la précédente Assemblée, nous affirment, après les études les plus consciencieuses, que le monopole des alcools rapporterait au Trésor public un milliard par an. Ces ressources nouvelles représenteraient, à elles seules, presque le double des dépenses occasionnées par les subventions allouées à la Caisse des retraites. (Le surcroît de ces recettes pouvant être réservé aux autres besoins budgétaires ou au dégrèvement des impôts les plus onéreux).

Cette question mérite bien d'être examinée à fond.

C'est une utopie ! Constatons d'abord que, dans des conditions plus ou moins développées, cette utopie est devenue, en Allemagne et au Danemark, un fait accompli, *une réalité !*

L'étude de *l'Organisation des retraites par l'Etat* est également dans tous les pays avancés, l'objet des vives préoccupations de l'opinion publique.

C'est une utopie ! mais alors toutes les propositions de lois sur les retraites sérieusement approfondies par nos législateurs, le projet du gouvernement lui-même, seraient des utopies, car le système que nous préconisons repose absolument sur les principes et sur les bases financières établies dans le projet ministériel et dans les propositions législatives antérieures.

Les moyens d'action, nous les puisons à la même source. Comme dans le projet du gouvernement, nous les demandons au concours réuni du travailleur, du patron et de l'Etat.

Nous donnons, il est vrai, une plus grande extension à l'idée en demandant son application générale avec son développement rationnel et légitime. Cette universalisation exigera une dépense plus élevée. C'est une question d'argent, mais cela ne change en rien la nature du principe.

Cependant une divergence de vue existe sur un point essentiel entre le système que nous avons exposé et le projet Constans :

Nous affirmons la nécessité absolue de l'assurance obligatoire. A notre avis, l'obligation est la base fondamentale de toute bonne loi sur les retraites. L'assurance sera obligatoire ou ne sera pas !

Les pays étrangers qui ont réalisé dans la pratique l'institution des Caisses de retraite l'ont rendue obligatoire pour tous les salariés.

L'obligation a été reconnue avantageuse et indispensable pour les fonctionnaires et les employés des administrations publiques; elle l'est également pour tous les travailleurs.

Sans l'obligation, la loi sera illusoire, inefficace, et donnera de cruelles déceptions. On n'aura rien fait, si ce n'est accorder une satisfaction *apparente* aux aspirations légitimes des classes laborieuses qui seront profondément désillusionnées. Donnons-lui, au contraire, la sanction de l'assurance obligatoire, la nature des choses change complètement de face, les inconvénients qui ont été signalés disparaissent, toutes les critiques soulevées contre le projet du gouvernement s'évanouissent d'elles-mêmes.

On ne dira plus : la loi est contraire à l'esprit d'égalité, spéciale à une seule catégorie d'individus ; désormais elle étend ses bienfaits à tous les citoyens français indistinctement, et les plus pauvres profitent de ses avantages. La prime d'assurance individuelle est la même pour tous, la cotisation est la même pour les patrons, les allocations de l'Etat sont également réparties entre les assurés ; en un mot, les droits et les devoirs sont égaux pour tous.

On ne dira plus : la loi est d'une efficacité restreinte pour l'avenir, d'un effet nul pour le présent ; désormais ses effets sont immédiats pour la génération actuelle, dans la limite financière du possible ; elle sera d'une efficacité pleine et entière pour les générations futures, car elle a un caractère universel.

Enfin, au point de vue financier, aucune accumulation dangereuse de capitaux n'est plus à craindre. Les opérations sont réduites à un simple remploi des fonds de réserve en rentes françaises par voie d'amortissements annuels, à une simple passation d'écriture.

L'Etat ne conserve rien en main.

Une des conséquences heureuses des œuvres de prévoyance sera certainement la restauration du foyer domestique, la renaissance de la Famille si désagrégée de nos jours.

L'aïeul vénéré apportant avec sa pension de retraite un revenu fixe, appréciable dans le ménage, ne sera plus à la charge de ses enfants, et achèvera ses jours en paix au sein de sa famille, entouré des soins que l'aisance dans un intérieur rend toujours plus faciles et plus affectueux. Le sentiment de la famille s'en trouvera vivifié.

La pauvreté étreint dans le cœur de l'homme le sentiment du devoir et du dévouement. Les liens les plus étroits se brisent, les affections les plus pures se resserrent au contact glacial de l'horrible misère.

Supprimer les causes premières du paupérisme en remontant à

leur source, garantir par l'assurance mutuelle le repos de la vieillesse, la dignité de la veuve, un appui à l'orphelin, le secours aux invalides du travail, c'est rendre moins onéreux et plus doux aux pauvres gens l'accomplissement des devoirs de famille.

L'expérience des siècles a péremptoirement démontré que l'initiative individuelle est insuffisante pour accomplir une tâche aussi ardue et aussi complexe. Ce n'est pas avec le sou du pauvre, avec les quêtes ou les fêtes de charité, avec quelques rares institutions de bienfaisance dépourvues de ressources qu'on extirpera la misère !

La concentration de toutes les forces sociales mises en mouvement par la Société elle-même pour atteindre ce but élevé, est indispensable. L'Etat, le grand organisateur par excellence, représentant légitime de la société, *peut seul*, avec sa puissance centralisatrice et son unité d'action, réaliser les grandes œuvres de prévoyance et de solidarité nationale.

Or, s'il est admis comme un axiôme de la science économique libérale que l'intervention de l'Etat est légitime dans toutes les circonstances où l'initiative privée est impuissante, c'est bien le cas lorsqu'il s'agit des œuvres éminemment humanitaires de la prévoyance, d'invoquer son appui et son concours.

Les œuvres de la prévoyance rationnellement, méthodiquement organisées, diminueront d'une manière sensible les maux qui affligent l'humanité. La Société civile, par le seul principe de solidarité humaine, aura réalisé le rêve que les Eglises ont vainement poursuivi depuis des siècles : la suppression du paupérisme.

Grâce à l'institution d'assurance mutuelle, le travailleur atteint paisiblement l'âge de la retraite sans la cruelle inquiétude de l'avenir ; les invalides du travail, le vieillard, savent que leur existence est désormais assurée contre les vicissitudes de la destinée. Leurs derniers jours seront garantis contre l'extrême misère et les dures épreuves qui l'accompagnent.

Le père de famille menacé d'une maladie grave qui met sa vie en péril, ne verra plus ses nuits et ses jours tourmentés par l'épouvante et le désespoir, à la pensée qu'il abandonne derrière lui, sans appui et sans pain, une femme et des enfants bien aimés. Il sait que par la vertu de l'Assurance, il laisse à sa famille une pension qui lui facilitera les moyens de vivre honorablement. La dignité de la veuve sera sauvegardée, et les enfants ne seront pas réduits au vagabondage et à la mendicité.

Oui, nous le croyons fermement, les misères existantes peuvent être singulièrement atténuées par la prévoyance, par l'esprit de justice et de solidarité humaine, par le vouloir énergique des hommes d'État qui ont charge de peuples.

« En vain criera-t on à l'impossible devant certaines réformes qui semblent exorbitantes à nos préjugés et à nos habitudes, **tout arrive !** » (*Discours de M. Coppée à l'Académie*).

L'**utopie** d'aujourd'hui sera la vérité rayonnante, la **réalité** vivante de **demain !**

ŒUVRE DE LA JEUNESSE

L'Œuvre des retraites de la vieillesse accomplie, un nouveau devoir s'impose à la société, la prévoyance en faveur de la jeunesse.

Si un sentiment de pitié nous émeut en présence du vieillard infirme et délaissé qui a, parfois, à se reprocher l'imprévoyance de l'âge viril, quel puissant intérêt ne nous attachera point à ce jeune adolescent abandonné à lui-même, irresponsable de ses actes, sans ressource et sans direction efficace.

L'institution nationale d'apprentissage professionnel est l'amélioration sociale la plus féconde en heureuses conséquences pour l'avenir. Elle touche aux forces vitales du pays, aux intérêts les plus sacrés de la famille et de la société humaine.

Le sauvetage de l'enfance est la plus belle et la plus patriotique des Œuvres de bienfaisance. « Pour chaque enfant que vous sau-» vez, dit M. Jules Simon, vous rendez un double service à la » patrie, car, vous ôtez un homme à l'armée du Mal, et vous en » donnez un à l'armée du Bien ».

C'est au sauvetage des jeunes générations qu'il faut travailler, en les arrachant aux influences pernicieuses et au milieu malsain des cités populeuses.

Tout ce qui touche à la jeunesse intéresse au plus haut degré. C'est l'avenir de la société qui est en jeu.

L'institution des apprentis est la plus utile application pour éviter le vagabondage des enfants des familles pauvres.

En parcourant les statistiques officielles, on est épouvanté de voir le nombre considérable de vagabonds mineurs qui existent en France. Plus de cent mille petits vagabonds errent partout, à Paris ou dans la province, — dont beaucoup ont déjà un casier judiciaire chargé. Quel facile recrutement pour l'armée du Mal!

Les gens sensés s'alarment avec raison en voyant grandir, sur le pavé des villes ou dans les maisons de correction, une génération de jeunes adolescents qui a perdu la notion du bien et du mal, et jusqu'à la crainte salutaire de la répression.

Cette terrible précocité du vice, trait caractéristique de notre époque, constitue un véritable péril social.

Ouvrons à deux battants les portes de la Maison d'apprentissage à ces malheureux enfants irresponsables de leurs actes. Une sollicitude éclairée, les bons soins, le bien-être et l'éducation feront naître en eux le sentiment du devoir. Ils seront sauvés! Et la société n'aura pas à sévir!

Sauver les enfants, en faire des hommes, n'est-ce pas là un service signalé rendu à la patrie dont l'avenir dépend toujours du degré de moralité des générations grandissantes?

L'institution des apprentis n'est pas une innovation, ni une entreprise irréalisable.

Sans aucune autorité personnelle nous n'aurions pas la témérité de préconiser l'adoption d'une Œuvre qui n'eût pas déja été consacrée par l'expérience.

Les institutions professionnelles existent dans tous les pays, et rendent partout des services appréciés. Nous demandons simplement que l'application en soit *généralisée* dans des conditions exclusivement pratiques en faveur des enfants des familles indigentes.

En France nous possédons les Ecoles professionnelles d'Armentières, de Vierzon, de Voiron, les instituts officiels des arts et métiers à Aix, Angers, Cluny, etc.; mais ces maisons organisées avec un grand luxe, ouvertes seulement à un nombre restreint d'enfants privilégiés déjà bien préparés, — nécessitent des frais considérables, — et ne répondent nullement au but pratique et général que nous avons entrevu ici.

Nos Fermes-Ecoles ne sont pas autre chose que des écoles d'apprentissage agricole, mais elles forment des maîtres dans l'art de la culture, plutôt que de bons et habiles ouvriers.

Une institution remarquable, tout à la fois maison d'assistance et d'instruction professionnelle, fondée il y a peu d'années, a réalisé toutes les espérances de l'administration. C'est la colonie agricole et maritime de Belle-Isle-sur-Mer.

Dans cet établissement sont recueillis les enfants réduits à la mendicité, parmi lesquels beaucoup de jeunes adolescents de

Paris qui sont initiés peu à peu au travail des métiers et de l'agriculture.

Les pupilles de Belle-Isle-sur-Mer sont répartis dans divers ateliers, selon leurs goûts et leurs aptitudes.

On y voit des apprentis charpentiers, menuisiers, forgerons, ferblantiers, tailleurs, cordonniers, boulangers, etc.

A deux kilomètres du principal établissement qui est la section maritime se trouve une magnifique ferme-école où sont employés les jeunes gens d'origine rurale et aussi les petits Parisiens en attendant que, par leur bonne conduite, ils aient mérité d'être admis à la section maritime où l'esprit de discipline les aura bientôt transformés en vaillants marins et en fidèles serviteurs du pays.

Ces jeunes adultes, dont l'instruction est soignée, subviennent par leur travail de production à payer, en grande partie, tous les besoins de leur colonie.

Ainsi a été résolu à Belle-Isle-sur-Mer, dans une de ses parties essentielles, le grand problème de l'assistance par le travail dont la solution généralisée dans toutes les maisons de secours donnerait partout les mêmes résultats satisfaisants.

L'heureuse réussite de cette expérience démontre d'une manière décisive les bienfaits des œuvres de la jeunesse, la possibilité de les mettre en exécution, et l'opportunité d'encourager le développement des institutions d'apprentissage sur toute la surface du territoire.

Nous avons aussi en France quelques fondations libres dues à l'initiative privée, parmi lesquelles nous citerons avec empressement la colonie de Saint-Louis, près de Bordeaux, la ville charitable par excellence où la vertu de bienfaisance sait revêtir les formes les plus variées: l'orphelinat des apprentis à Auteuil fondé par le vénérable abbé Roussel qui, depuis 20 ans, a rendu à la vie morale plus de 6,000 jeunes garçons recueillis dans les rues de la capitale; la Société de l'Orphelinat de la Seine, à Paris; la colonie de Mettray, magnifique domaine situé sur les bords de la Loire où sont reçus chaque année 600 jeunes enfants pauvres ou en état de vagabondage.

Dans ces divers établissements, les enfants, suivant leur force et leur âge, sont exercés aux travaux de la culture, du jardinage et instruits dans la pratique des métiers dont l'exercice offre le moins d'aléa, c'est-à-dire d'une utilité permanente et constatée.

Le travail des apprentis pourvoit dans une certaine mesure à la subsistance ou à l'entretien de la colonie.

A Auteuil, indépendamment des autres travaux industriels et du jardinage, plus de 100 jeunes adolescents sont occupés dans un atelier d'imprimerie bien agencé où ils deviennent experts dans leur art.

A Mettray, les adultes cultivent les terres possédées ou affermées par la colonie, d'une étendue de 600 hectares. On y voit toutes les productions agricoles, céréales, plantes fourragères, légumes, la vigne, de belles étables contenant 150 têtes de bétail.

Les deux tiers des jeunes colons sont occupés aux travaux de la culture, et il est de règle que tout ce qui se consomme dans la colonie doit y être produit.

L'organisation admirable de la colonie de Mettray a servi de modèle dans les établissements similaires, en Belgique, en Angleterre et en Amérique.

Nous mentionnerons encore les orphelinats créés en Algérie avec l'aide du gouvernement, à Bouffarik et à Ben-Aknoun, les stations fondées au Congo et dans notre empire de l'ouest, par les missionnaires dont les services ne sont pas assez appréciés ni encouragés.

Dans chaque établissement, entouré de jardins, vergers et champs pour les grandes cultures, les enfants indigènes sont initiés aux travaux agricoles et exercés dans les métiers les plus usités.

Avec de bien faibles ressources, sans subvention aucune, ces hommes dévoués, admirables, trouvent par leur travail personnel et par un emploi mesuré de ces jeunes bras déjà robustes, le moyen, non seulement de pourvoir à l'entretien de l'établissement, mais encore de créer chaque jour de nouvelles stations.

Il n'est pas douteux que le travail en commun de jeunes adolescents de 14 à 18 ans, en moyenne, ne puisse subvenir en grande partie à leur subsistance, alors que la plupart d'entre eux, dirigés par un bon père de famille, seraient très capables de gagner leur vie au dehors.

Ces essais, tentés avec un succès relatif par l'effort individuel, présagent quels résultats satisfaisants on aurait la certitude d'obtenir avec l'effort collectif, sous l'impulsion d'une administration à laquelle seraient accordées les ressources suffisantes.

Quelle large base et quel développement ne pourrait-on pas donner à ces institutions des apprentissages, en les organisant dans des conditions pratiques de sage économie et de bonne gestion ?

Cette double conception de l'assistance et du travail *adaptée* à l'éducation et à l'entretien des adolescents pauvres ou sans famille, n'est autre chose qu'une *dérivation* du grand système de l'assistance par le travail, si utilement expérimenté dans divers pays d'Europe, — qui a motivé une proposition de loi importante présentée devant l'Assemblée législative par M. Maurice Faure, député de la Drôme.

L'assistance par le travail est destinée à agrandir dans des proportions notables le Cercle de l'action de bienfaisance et de prévoyance. Ce principe sauveur contient une idée puissante, le remède souverain à beaucoup de maux, en offrant avec des ressources *moindres*, le moyen de venir en aide aux enfants des familles nécessiteuses, à l'ouvrier sans ouvrage, en un mot, le moyen de soulager la misère des petits et des grands, des enfants et des hommes.

Ce système, mis en pratique au profit des adolescents privés de soutien, sera d'une application plus efficace encore que l'assistance procurée aux individus sans travail, — laquelle ne peut jamais avoir qu'un caractère accidentel et temporaire.

Dans les institutions de la jeunesse, au contraire, les jeunes adultes soutenus dans le sentiment du devoir pendant les longues années de l'apprentissage seront très aptes à recueillir les fruits d'une éducation suivie. Leur nature plus flexible se pliera sans effort à de nouvelles habitudes d'ordre et de travail.

Cette œuvre bienfaisante, remplie de promesses, sollicite l'attention des hommes de gouvernement.

Les institutions professionnelles offrent un double et précieux avantage : aux familles indigentes, un allégement sensible dans les charges qui pèsent sur elles, avec la garantie d'une éducation soigneusement surveillée pour leurs enfants ; à la Société, une grande sécurité avec l'assurance de maintenir dans la voie du bien ces nombreux adolescents de nos cités populeuses, — que des parents, absorbés par le souci de l'existence, ne peuvent diriger utilement, — et dont elle saura faire des hommes de travail et de probité, en leur apprenant à marcher droit dans le sentier de la vie.

PROPOSITION

Annexe aux projets de lois sur l'Assistance par le travail.

I. Des institutions nationales d'apprentissage professionnel (arts et métiers industriels et agricoles), seront créées dans chaque arrondissement et dans les communes importantes ;

II. Les orphelins, les enfants moralement délaissés, les enfants des familles pauvres et nombreuses, seront admis, à partir de l'âge de douze ans révolus, dans les établissements d'apprentissage, et élevés sous le patronage de la Commune et de l'État ;

III. Les jeunes apprentis seront instruits et exercés dans la pratique des arts et métiers industriels et agricoles les plus usuels et les plus pratiques. L'organisation du travail sera dirigée dans un double but :

1° Développer l'instruction des enfants, élever le jeune apprenti dans la connaissance théorique et pratique des métiers dont l'exercice offre le plus d'avantages et le moins d'aléa.

2° Rendre féconds et productifs les efforts des jeunes adultes, en vue de l'intérêt général de la communauté, par un travail bien ordonné et réduit aux limites les plus étroites.

Les travaux des divers métiers industriels, de culture, d'entretien et de construction seront exécutés par les apprentis suivant leur âge et leur force.

IV. Les ateliers industriels et agricoles assurent le service et la subsistance de la Colonie. Il est établi en principe que tout ce qui se consomme sur l'établissement doit y être produit autant qu'il sera possible.

(Les produits industriels et agricoles résultant du travail des apprentis seront employés ou consommés sur place, ou au profit exclusif des établissements hospitaliers et ne devront, en aucun cas, entrer dans la circulation générale. Ainsi sera évité un conflit d'intérêts analogues, ou toute concurrence à l'industrie et au commerce privé).

V. Administration : Les institutions nationales d'apprentissage seront administrées par un Directeur, un Instituteur chef de l'enseignement, et des ouvriers-maîtres pour chaque corps de métiers. Les apprentis devenus compagnons, choisis parmi les plus capables, seront désignés comme moniteurs ou contre-maîtres, et toucheront à ce titre une rémunération.

VI. Il sera acquis ou affermé dans chaque arrondissement, aux frais des communes, un vaste domaine assez étendu pour mettre en pratique les cultures des terres, et installer les ateliers industriels nécessaires. Les acquisitions d'immeubles seront réalisées au moyen de prêts avancés par les Sociétés immobilières, le Crédit foncier, la Caisse nationale des retraites. — Ces emprunts hypothécaires remboursables par annuités *cinquantenaires* au taux de 5 0/0, amortissement compris, présenteront un remploi de toute garantie pour les capitaux versés dans les Caisses d'épargne ou d'assurances ouvrières.

VII. Les associations privées, civiles et religieuses, les Sociétés industrielles, les Chambres corporatives, ont le droit d'ouvrir des Ecoles d'apprentissage professionnel dans les conditions d'une liberté absolue.

VIII. Des subventions seront accordées aux institutions privées fondées en vue d'organiser l'apprentissage des métiers spéciaux qui ne peuvent avoir leur représentation dans les établissements de l'Etat.

IX. Les Ecoles professionnelles seront rattachées au Ministère de l'instruction publique et soumises aux règlements généraux concernant l'Enseignement public.

X. Les communes, les départements et l'Etat seront appelés à concourir aux dépenses nécessitées par la création des institutions d'apprentissage.

L'école professionnelle est le complément nécessaire de l'école primaire, la conséquence naturelle, logique du premier enseignement, le véritable enseignement moderne. Elle répond à un besoin nouveau, bien défini, résultant de la déchéance de l'apprentissage à l'atelier.

Avec ces trois grandes institutions se succédant à un court

intervalle, l'école primaire, l'école d'apprentissage, l'école de l'armée, le jeune adolescent traverse sans trop d'épreuves cette phase de la jeunesse si périlleuse pour lui, et arrive sain et sauf à l'âge d'homme, avec la pleine conservation de ses facultés physiques, intellectuelles et morales. Il est devenu un homme dans le sens noble du mot, un homme utile et reconnaissant envers la société qui ne l'a jamais abandonné.

Le développement des forces physiques uni à la science du travail, la dextérité de la main rendue apte à tous les outils, — le jeune adulte sortant des ateliers de l'apprentissage sera un ouvrier vaillant, façonné au travail viril, dur à la besogne, en état de collaborer à des métiers divers, avec les moyens pratiques de subvenir à son existence dans toutes les conditions, dans tous les milieux, dans toutes les circonstances.

Les jeunes adolescents libres de rester dans la maison d'apprentissage, à titre de moniteurs ou contre-maitres jusqu'à l'âge de 20 ans, ne s'en iront que bien nantis de l'outil libérateur qui fait vivre.

Les institutions nationales professionnelles mettront en relief l'importance des métiers, la dignité du travail manuel encore considéré comme étant d'essence inférieure ou trop pénible.

Il sera bon d'établir dans la pratique des choses que les nobles travaux de l'agriculture qui nous fait vivre, et les métiers virils qui manient si utilement le marbre et la pierre, les métaux, le bois et le fer, sont le plus bel apanage de l'homme industrieux et fort. Les travaux paisibles et sédentaires doivent être plutôt réservés aux femmes ou aux hommes débiles.

Une considération puissante milite en faveur de l'œuvre des apprentis, et en rend en même temps la mise en action plus pratique.

Nous l'avons déjà expliqué, les adultes élevés dans les fermes-écoles industrielles seront rendus capables par un travail de production, de contribuer, pour une partie, à leur subsistance et aux dépenses d'entretien de l'établissement.

On obtiendra ces avantages avec une méthode et un outillage perfectionnés, par un travail bien ordonné et limité à une moyenne de quatre à cinq heures par jour. Le reste du temps devant être consacré à l'instruction et à l'apprentissage des métiers.

Evidemment, pour arriver à ce résultat, il faudra renoncer aux errements accoutumés de nos administrations : Point de sinécures, pas de fonctionnaires inutiles grassement rétribués, plus de luxe de constructions monumentales à la gloire de l'architecte local, — mais simplement des ateliers, des fermes bien installés avec de modestes constructions, comme il en existe dans les domaines privés utilement agencés.

Quelques ouvriers habiles pour dresser les apprentis dans leur art, et nos modestes maîtres de l'enseignement pourvus d'une bonne instruction agricole pratique suffiront à la direction.

Les productions de toute nature de l'atelier industriel et de l'entreprise agricole, avec une culture intensive et perfectionnée, diminueront sensiblement les sacrifices consentis en faveur de l'œuvre.

Dans ces conditions de sage et prudente économie, les frais de premier établissement, les dépenses d'administration et d'entretien étant déjà avancés et couverts par les subventions annuelles, il ressort de toute évidence que le travail de chaque jour d'un nombreux personnel et des jeunes adultes, — quoique réduit aux plus étroites limites, — sera susceptible de fournir des revenus importants qui seront employés à la création de nouveaux établissements similaires, et spécialement affectés au développement progressif de l'institution des apprentis.

Ainsi comprise, l'œuvre de Prévoyance de la Jeunesse offre cette particularité précieuse de se reproduire par elle-même, de vivre et de se développer par son propre mouvement, en puisant dans ses ressources propres les éléments nécessaires à son extension indéfinie, illimitée dans tous les cantons de France.

Chaque nouvelle année les améliorations et les produits des établissements déjà édifiés permettront de créer de nouveaux ateliers d'apprentissage, de façon que l'institution atteigne dans son maximum de développement des limites assez étendues, assez larges pour embrasser, avant peu d'années, tous les enfants des familles indigentes de chaque commune.

A chaque période cinquantenaire, les capitaux considérables empruntés pour l'acquisition des immeubles et vastes domaines des apprentissages étant amortis, deviendront la propriété de l'œuvre et seront une source nouvelle de revenus qui permettront de donner à l'institution un essor indéfini.

Cette assistance accordée aux chefs de familles pauvres pour élever les enfants sera le moyen d'honorer et de protéger les familles nombreuses, — et, en même temps, une première solution donnée au grave problème « du salaire familial » qui paraît si difficile à résoudre dans l'état de l'organisation économique actuelle.

L'enseignement professionnel sera autrement pratique et fécond dans ses résultats que cette instruction répandue sans mesure et sans opportunité dans les écoles secondaires ou supérieures, — et qui n'aboutit qu'à augmenter le nombre des demi-savants, des déclassés si encombrants dans leur milieu social, et si encombrés de leur personnalité, sans emploi de leurs facultés et sans avenir.

Il serait bon d'encourager dans chaque corporation une organisation forte et rationnelle de l'enseignement professionnel qui fournirait aux jeunes adolescents, garçons et filles, les moyens d'apprendre leur métier mieux et plus vite, sans les exposer aux promiscuités dangereuses de certains ateliers mal dirigés.

Cette question de l'Enseignement professionnel intéresse au plus haut degré l'industrie nationale au point de vue du perfectionnement de la main-d'œuvre, et les classes ouvrières au point de vue du relèvement des salaires.

Le système ne serait pas aussi coûteux qu'on pourrait le penser. Il n'est pas impossible aux petites villes ou à l'arrondissement le plus pauvre de disposer de quelques terrains communaux vacants, — à défaut d'acquérir ou d'affermer un domaine avec constructions suffisantes pour y installer un établissement professionnel où les enfants indigents seraient à l'abri de l'abandon et du besoin.

La protection des invalides et des enfants indigents est un devoir qui incombe plus directement à la commune.

Nous avons en France plus de 90,000 enfants trouvés assistés par l'Administration ou élevés dans nos divers établissements de bienfaisance qui coûtent à l'Assistance publique plus de 40 millions par an.

Pourquoi n'appliquerait-on pas *une partie de ces dépenses* à l'expérimentation sérieuse, persévérante, du système de l'apprentissage professionnel patroné par l'Etat, au profit de ces enfants qui, sans plus de dépenses, seraient élevés dans les fermes-écoles de l'Algérie-Tunisie, organisées sur le modèle de la colonie de Belle-Isle-sur-Mer?

A la suite de ces malheureux orphelins qui fourmillent dans l'asile des hôpitaux, les enfants délaissés, maltraités, moralement abandonnés, ces jeunes pénitentiaires dignes de commisération forment un ensemble auquel la société doit des mesures énergiques de préservation morale. Ne serait-il pas humain et d'une bonne politique de faire élever tous ces enfants sur la terre africaine qu'ils aimeraient comme leur patrie de prédilection ?

Comme le dit avec tant de justesse Maxime Du Camp dans son livre admirable, *la Charité privée à Paris* : « Si avec les cent » mille petits vagabonds qui errent en France on établissait dans » nos possessions algériennes une colonie d'enfants de troupe, on » formerait, sans peine ni dépense, un corps de soldats dont la » vigueur et la résistance ne seraient pas superflues en certains » cas ».

Ces questions ont préoccupé de remarquables esprits : le plus éminent, entre ceux qui poursuivent le noble but de sauver l'enfance malheureuse ou délaissée, M. Jules Simon, proposait d'adopter en grand le système des colonies agricoles. Là réside, en effet, le vrai remède à toutes les misères morales de l'enfant et de l'adulte privés de soutien.

Pourquoi ne pas faire d'honnêtes cultivateurs algériens de ces jeunes hommes, de bonnes mères de famille de ces jeunes filles, abandonnés les uns et les autres par milliers chaque année au milieu d'un monde qui les repousse, dans le sein d'une civilisation corrompue, livrés qu'ils sont sans défense et sans appui à toutes les séductions du mal ?

Les hommes dévoués au bien public doivent tenir à honneur d'assurer leur concours au succès de si généreuses entreprises.

Ah ! si l'un de nos illustres maitres de morale, un de nos éminents écrivains ou nos journaux populaires daignaient accueillir avec faveur cette œuvre de prévoyance de la jeunesse *sous sa double forme, secours et travail !* s'ils consentaient à appuyer cette idée, à la propager dans toutes les classes de la société, en mettant à son service leur autorité incontestée, leur talent et la forte publicité dont ils disposent ! Comme cette belle cause serait vite gagnée devant l'opinion et devant les Assemblées politiques !

Parmi nos vaillants députés qui prennent à cœur l'étude des réformes sociales, les intérêts des petits et des humbles, plusieurs ont la généreuse ambition et le vouloir énergique d'attacher leur nom à une œuvre utile.

Quelle cause plus élevée, plus attachante, que celle qui touche directement à l'avenir des nouvelles générations, aux intérêts de ces nombreuses familles de prolétaires déshérités du sort ?

Quel bienfait pour le pays de faire de ces jeunes adolescents abandonnés à eux-mêmes, des travailleurs industrieux, des citoyens fidèles ?

Quelle révolution pacifique dans l'éducation nationale ? Ceux qui auront la gloire de l'accomplir auront bien mérité de la France et feront, des jeunes générations à venir, un grand et noble peuple.

ŒUVRE DE L'AGE VIRIL

ASSISTANCE PAR LE TRAVAIL

A Maurice Faure, député de la Drôme reviennent l'honneur et le mérite d'avoir dans cette session présenté à la Chambre des députés, un projet de loi sur l'organisation de l'assistance par le travail.

Voici le but de cette proposition :

Institution de maisons de travail provisoire pour les ouvriers valides sans travail. — Etablissements destinés à recevoir les invalides du travail :

Dans un rapport substantiel et d'une étude attachante, M. Maurice Faure expose avec une argumentation serrée les bienfaits des institutions de prévoyance du travail provisoire, et cite à l'appui de son système les exemples et les résultats acquis par l'expérience chez les peuples voisins.

Nous transcrivons ici les principaux passages du rapport de l'éminent législateur avec le regret que l'exiguité de notre cadre ne nous permette pas de le reproduire *in extenso.*

« Il faut nous féliciter, dit M. Maurice Faure dans son préambule, de la tendance actuelle de l'opinion publique qui s'intéresse vivement aux questions vitales, à celles qui ont pour objet la recherche des moyens de prévenir ou d'atténuer les effets désastreux de la misère, en organisant l'assistance par le travail.

» Les départements et les communes doivent être autorisés à établir des maisons ou stations dites de travail et à y recevoir pour les nourrir, entretenir, les personnes valides dénuées, dans le moment, de moyens d'existence suffisants.

» Il faut que dans tous nos départements il y ait un lieu autre que la prison dans lequel toute personne qui se trouve provisoirement sans ressource soit certaine d'être reçue sur le champ, sans enquête préalable, mais à la condition de se livrer à un travail obligatoire.

» Il ne suffit pas de punir les malheureux quand la détresse les a rendus mendiants ou vagabonds. Il est plus humain, plus juste et d'une meilleure politique de conjurer les conséquences inévitable du dénuement, en offrant à tous les travailleurs honnêtes et dignes d'intérêt, comme à ceux que l'âge ou les infirmités mettent dans l'impossibilité de gagner leur vie, aux invalides du travail, une assistance et des soins qui constituent dans un pays démocratique une dette sacrée, dont la justice, autant qu'une sage prévoyance, commande l'acquittement.

» Par cette protection effective on accomplira une œuvre de justice, d'humanité, de préservation et en même temps on aura conjuré une déplorable chute, causée par l'imprévoyance de notre législation et les lacunes de notre état social.

» Ces idées, fait observer M. Maurice Faure, ont reçu d'ailleurs de hautes consécrations, celle du Congrès international qui a réuni à Rome au mois d'octobre 1885 les philanthropes, les délégués des gouvernements, les hommes connus en Europe comme les plus savants, les plus compétents en ces matières, et celle du Congrès international d'Anvers, qui l'année dernière a formulé la même conclusion.

» Le Congrès de Rome a émis le vœu que « l'assistance publique soit réglée de telle manière que chaque personne indigente soit sûre de trouver des moyens de subsistance, mais seulement en récompense d'un travail adapté à ses facultés corporelles.

» Ce vœu contient évidemment un principe fécond en faveur duquel on peut invoquer l'expérience et la pratique, puisqu'il est appliqué avec succès dans plusieurs pays d'Europe.

» En Allemagne, un certain nombre de provinces ont installé des colonies libres de travailleurs qui ont défriché de vastes étendues de terrains incultes. La conséquence de cette institution a été que les premières condamnations pour vagabondage et mendicité ont diminué d'un tiers, et que dans quelques-unes de ces provinces, la mendicité a presque disparu.

» En Hollande même expérience, même résultat concluant. La Société néerlandaise a fondé trois grandes colonies sur les bords du Drenthe et de l'Over-Yssel. Là, aussi, des terrains ont été défrichés grâce au labeur des nombreux colons qui y sont venus. Aussi la Hollande est-elle citée comme le pays où on a réussi à combattre avec le plus de succès la mendicité et le vagabondage.

» Dans la Suisse française, il a été créé trois colonies de travail, non plus destinées aux travailleurs libres, mais affectées aux mendiants et aux vagabonds incorrigibles qui veulent vivre sans rien faire. Ces colonies ne sont pas des prisons, mais des maisons d'internement où le travail des champs est imposé à ceux qui ont subi une première condamnation. Là encore, un sol inculte a été fertilisé, les prisons de district ont été désencombrées, et de notables économies ont été réalisées par suite dans le service des prisons. Dans le canton de Vaud où ce mode de répression a été le mieux organisé depuis 1880, le nombre des condamnations pour vagabondage et mendicité a diminué de moitié ».

La petite et noble Belgique n'est pas restée en arrière du mouvement.

Le gouvernement belge a acquis en 1870, dans les sables de la Campine anversoise, un domaine agricole de 1,500 hectares, qui peut abriter à la fois 4,000 individus appartenant à deux catégories distinctes, répartis dans deux établissements bien séparés, d'une part les vagabonds et les mendiants, d'autre part les hospitalisés volontaires ou ouvriers malheureux sans travail.

Une sage administration, l'esprit d'ordre et d'économie qui ont présidé aux travaux de la colonie ont donné des résultats exceptionnels au point de vue économique et financier : *Les assistés ont eux-mêmes peu à peu édifié les constructions et défriché les terres incultes.* Ils ont produit par leur travail plus qu'ils n'avaient dépensé.

D'après les documents officiels, l'établissement de Merplax, qui a coûté 1,500,000 fr., est estimé aujourd'hui 4 millions. C'est une plus-value considérable et l'application la mieux réussie du grand système de l'assistance par le travail.

Indépendamment des maisons urbaines et des colonies agricoles on a, dans plusieurs pays étrangers, en Autriche et en Allemagne particulièrement, établi des stations de prestation en nature. « Le long des grandes routes on a installé des espèces d'auberges dans lesquelles le premier venu a droit d'entrer ; on le loge, on le nourrit, mais en échange on lui demande un travail quelconque, empierrement des routes, travail dans une ferme voisine. En même temps on tâche de le placer dans la région. C'est ainsi que non seulement celui qui cherche du travail est aidé, mais aussi celui qui en donne. Car aussi bien le patron que l'ouvrier doit, surtout en pleine campagne, souvent à un heureux hasard le premier l'ouvrier, le second le travail ».

Cet institut a rendu partout de grands services. Il a presque mis fin au vagabondage et à la mendicité. Les colonies du travail provisoire fondées par les efforts de l'initiative privée en Allemagne — et qui prennent chaque jour une plus grande extension — paraissent, en partie, avoir résolu le problème de l'assistance par le travail. Elles ont réussi à venir en aide dans une large mesure à l'ouvrier qui souffre du chômage.

Le plus grand nombre de ces colonies possédant de vastes domaines *ont fait la plus large part au travail agricole;* d'autres joignent aux travaux de la terre une ou plusieurs occupations industrielles. Ce sont les colonies mixtes dont le type est l'établissement de Magdebourg.

Un grand sujet d'étonnement pour les administrateurs des colonies agricoles, c'est de voir avec quelle facilité les hommes de tout âge, de toutes conditions et de toutes professions qui s'y sont réfugiés, se sont mis aux rudes travaux de la campagne auxquels ils n'avaient pas été habitués, et où beaucoup ont retrouvé leur vigueur et leur santé.

De telles constatations sont encourageantes et fortifient singulièrement le projet de loi de l'honorable député de la Drôme. « Il n'est pas douteux que l'application de ces idées n'entraîne des dépenses considérables; mais les sacrifices exigés seraient largement compensés et ne donneraient lieu, en réalité, qu'à un déplacement de fonds, à un changement d'affectation de certains crédits. Plus nos établissements hospitaliers, en effet, seront nombreux, plus deviendra faible le nombre des établissements pénitentiaires; plus les asiles consacrés à l'assistance seront peuplés, plus les prisons auront des effectifs abaissés, plus sera restreint le contingent de la rélégation qui impose au budget pour chaque relégué, une dépense annuelle moyenne de 1000 francs ».

Notons que les condamnations pour vagabondage et mendicité figurent, pour une proportion énorme, dans le nombre des jugements rendus par nos tribunaux correctionnels.

La nécessité s'impose donc d'agir sans retard et d'entrer dans la voie où d'autres nations nous ont précédés..... à une si grande distance.

C'est une grande question que celle de l'assistance par le travail. Il en est peu, à notre avis, qui soit plus digne de la sollicitude des pouvoirs publics. « En France, dit M. Maurice Faure, en terminant, il faut le constater avec tristesse, aucun effort n'a été tenté dans ce sens par les pouvoirs publics. Nous ne possédons dans nos départements aucun établissement où soit organisée l'assistance par le travail, en dehors de rares institutions existant à Paris ou dans quelques grandes villes ». Nous citerons les fondations Laubespin, avenue de Versailles; l'hospitalité du travail pour les femmes à Auteuil, œuvre éminemment française qui, avec 150 places seulement, parvient à héberger, chaque année, environ 3,000 malheureuses; la maison d'assistance créée par la ville de Marseille, avec les fonds de sa Caisse d'épargne libre.

Tout récemment, à Paris, sous la généreuse impulsion de M. Defert, maire du sixième arrondissement, il s'est formé sur la rive gauche une Œuvre d'assistance par le travail qui, en peu de temps, a pris une grande extension et rendu de réels services.

En 1891 le conseil municipal de Paris a examiné dans une de ses délibérations la question de l'assistance par le travail. Peu de temps après un établissement fut fondé dans les Ardennes, sur un domaine appartenant à l'assistance publique. Cette première application a-t-elle donné un résultat appréciable dans la mesure des moyens d'action employés? Nous aimons à le penser. Mais cette expérience a été tentée avec des ressources trop restreintes pour qu'on en attende un résultat concluant au point de vue de l'application générale et de l'utilité réelle de l'Œuvre.

M. Georges Berry, conseiller municipal, aujourd'hui député de Paris, après un séjour en Allemagne pour y étudier sur place l'organisation de l'assistance par le travail, adressa au conseil de Paris un rapport instructif dans lequel il fait connaître les créations tentées dans les provinces allemandes au profit des ouvriers sans ressource et sans ouvrage.

Les études de M. Berry confirment pleinement les assertions et les conclusions de M. Maurice Faure. Tous les deux constatent hautement les bienfaits de ce grand système d'assistance, soit au point de vue des services rendus à l'ouvrier sans travail, soit au point de vue de l'intérêt social et de la moralité publique.

Nous reproduisons une partie essentielle du rapport de M. Georges Berry, reconnu par ses collègues comme ayant une rare compétence dans cette matière.

Les institutions les plus remarquables créées par les philanthropes allemands sont la *Station* et la *Colonie ouvrière*.

La *Station*, qui permet aux ouvriers à bout de ressources d'aller partout à la recherche de l'ouvrage, sans craindre de mourir de faim ou de devenir mendiant, et seulement en ayant bonne volonté et courage, car la tâche qui leur est imposée dans les stations pour la rémunération de leur coucher et de leur nourriture est toujours simple et facile.

La *Colonie ouvrière* est surtout destinée à recevoir ceux qui ne travaillent pas depuis longtemps, et qui tombés ou sur le point de tomber dans la mendicité et le vagabondage ont besoin d'être soutenus moralement et matériellement.

Il y a aujourd'hui en Allemagne 24 *colonies ouvrières* où sont reçus et sauvés une foule de malheureux, — et dans lesquelles on arrive vite, avec la régularité et la discipline dans le travail, à préparer d'excellents ouvriers qui trouvent facilement à se placer et à pouvoir reprendre la vie laborieuse et honnête.

Et cependant, observe M. Georges Berry « les trois quarts des individus qui viennent frapper à la porte de la colonie ne connaissent pas le moindre métier ; ce sont ou des déclassés qui n'ont jamais été mêlés aux travailleurs, ou bien des hommes du peuple qui possèdent la connaissance de métiers qui n'en sont pas ; c'est-à-dire qui ont été journaliers, portefaix ou quelque chose d'approchant. On les place comme apprentis dans un atelier dirigé par un colon de la maison, lequel ne tarde pas à les mettre en même de gagner quelques pfennigs ».

M. Georges Berry énumère ensuite les résultats obtenus par ce système d'assistance : « Cet ensemble de créations philanthropiques, dit-il, administrées économiquement et pratiquement, a porté ses fruits et, dans un pays qui, il y a 20 ans, passait pour le plus pauvre de l'Europe, on compte aujourd'hui moins de mendiants que chez nous ; et ceux qui veulent travailler ont toutes facilités pour trouver et attendre le travail sans avoir à redouter, pendant la période des recherches, le chômage et la dépense. Ceux mêmes qui ont perdu l'habitude de s'occuper, ont toutes facilités aussi pour se relever et reprendre leur place dans la société ».

En somme, lorsque l'ouvrier français privé d'argent va chercher de l'ouvrage hors de son village, il n'a à sa disposition que la mendicité pour se procurer les moyens de se rendre dans le pays vers lequel il veut se diriger; tandis qu'en Allemagne, le même ouvrier trouve sur son chemin des stations de repos, en s'acquittant par son travail de la dette contractée.

Lorsqu'en France les mendiants et les vagabonds sont traînés de prison en prison et en arrivent fatalement au crime, en Allemagne les mêmes misérables trouvent un asile contre la faim, un refuge contre la prison et une école de morale d'où ils sortent souvent meilleurs et, dans tous les cas, détournés, pour quelque temps, de la voie mauvaise qu'ils suivaient jusqu'alors ».

Enfin, termine M. Georges Berry, ce qu'il n'est pas inutile de constater, c'est que cette façon d'aider au relèvement des hommes tombés impose peu de sacrifices aux coopérateurs de l'œuvre : seuls, les frais de premier établissement des colonies sont onéreux, et encore sont-ils compensés promptement par la plus-value que donne aux propriétés le travail des colons.

Nous insistons volontiers sur cette dernière conclusion de M. Georges Berry, laquelle concorde avec la thèse déjà soutenue sur ce point par M. Faure dans son projet de loi. Il en ressort évidemment que, une fois organisés et mis en rapport, les établissements du travail provisoire, aussi bien que les institutions d'apprentissage professionnel, se soutiendront, se suffiront en partie par leurs propres moyens. D'une part, avec les avances annuelles d'entretien consenties par l'Etat, d'autre part, avec le principe du travail de production admis dans les maisons d'apprentissage et du travail provisoire, ces établissements s'affermiront et se développeront, par leur propre mouvement d'une manière progressive, continue, pour ainsi dire illimitée. C'est là un résultat de la plus haute importance au point de vue du développement ultérieur et nécessaire de ces institutions.

Annexe au projet de loi Maurice Faure.

I. Une administration spéciale indépendante, l'administration de l'assistance par le travail, sera créée, sous le contrôle des pouvoirs publics, dans le but d'organiser dans chaque arrondissement les *Maisons urbaines* dites du travail provisoire et les *Colonies ouvrières* destinées à recevoir les individus sans ressources et sans travail.

II. Les immeubles et domaines nécessaires à l'installation des maisons urbaines et des colonies ouvrières seront affermés ou acquis par les départements et les communes, au moyen de prêts remboursables par annuités cinquantenaires avancés par les sociétés immobilières, par les Caisses d'Epargne ou de retraite.

(A chaque période cinquantenaire les capitaux empruntés pour l'acquisition des immeubles et vastes domaines de l'assistance par le travail *étant amortis*, deviendront la propriété de l'œuvre, et seront une source nouvelle de revenus qui permettront de donner à ces institutions un développement indéfini.)

III. Les individus admis dans les colonies du travail provisoire seront nourris, logés aux frais de l'établissement, ou recevront une rétribution, — moyennant un travail modéré en commun, approprié aux forces et aux facultés de chacun.

IV. Des ateliers industriels seront organisés dans les institutions du travail provisoire pour les métiers usuels les plus pratiqués. La culture intensive, le jardinage, les travaux industriels, agricoles, les travaux du bâtiment et de construction auront une large place dans l'organisation générale de la colonie.

(Les produits industriels et agricoles résultant du travail des colons seront employés et consommés sur place, ou au profit des établissements publics, et ne devront, en aucun cas, entrer dans la circulation générale. — Ainsi sera évité tout conflit d'intérêts analogues, ou toute concurrence à l'industrie et au commerce privé.)

V. Le séjour des assistés dans la maison du travail temporaire ne devra pas excéder le délai moral nécessaire pour leur permettre de se procurer le travail indispensable à leur existence.

VI. Un bureau de centralisation des offres et demandes de travail sera annexé à chaque établissement pour venir en aide aux travailleurs dans leurs recherches d'emploi. — Le directeur se mettra en rapport constant avec les offices du travail, avec les municipalités, syndicats et toutes sociétés ayant constitué dans la région des bureaux de placements gratuits.

VII. Dans le cas *exceptionnel* où les travaux organisés sur la colonie ne seraient pas suffisants pour occuper utilement le personnel de l'établissement, l'administration aura la faculté de prendre en régie des travaux à l'entreprise de l'Etat, des départements ou des communes, de façon que les sources du travail ne soient jamais taries dans la colonie.

VIII. Les frais de premier établissement, les dépenses d'administration et d'entretien étant déjà couverts par les subventions de l'Etat, toutes les productions et les économies résultant du travail des colons seront reportées à l'actif de la Caisse générale de l'institution, afin d'en assurer le développement régulier et constant.

IX. Les invalides du travail pourront être admis à titre définitif dans les colonies ouvrières où une annexe spéciale leur sera réservée.

Dans le cas d'incapacité simplement relative, ils recevront dans l'administration un emploi suivant leurs facultés.

X. *Moyens d'actions et privilèges réservés à l'œuvre de l'assistance par le travail. — Colonies agricoles ou Fermes industrielles coopératives de l'Algérie-Tunisie.*

De vastes concessions de terres et des subventions annuelles seront accordées à l'administration de l'Assistance par le Travail, dans le but de fonder des centres d'exploitation agricole sur toute l'étendue des territoires non peuplés ou non cultivés de l'Algérie-Tunisie. Ces exploitations *vastes fermes industrielles* seront organisées sous le régime de la coopération au profit des individus sans ressource et sans ouvrage, — qui, en outre du salaire quotidien, participeront en qualité d'ouvriers ou employés intéressés, à tous les bénéfices de l'entreprise. — Dans des délais déterminés et lorsque les terres auront été mises en pleine culture, les chefs de famille participants auront la faculté de provoquer le partage ou la vente du domaine commun.

Les emplois dans les associations agricoles coopératives seront, en majeure partie, réservés aux familles pauvres assistées dans les maisons de travail provisoire, qui ne trouveraient pas le travail nécessaire à leur subsistance.

En ce qui concerne les établissements de l'assistance par le travail, il est de principe que l'action collective de l'Etat ne saurait nuire en rien à l'initiative individuelle qui conserve toujours sa liberté pleine et entière. L'action publique et l'action privée mises en jeu simultanément, et convergeant leurs efforts parallèles vers le même but, ne peuvent que contribuer d'une manière heureuse à l'expansion des œuvres de prévoyance.

Le rôle de l'Etat consiste à donner l'impulsion au développement des améliorations sociales, mais il a tout à gagner à rester en dehors des questions d'organisation multiples, et lorsque l'initiative privée est devenue suffisante, sa mission est terminée.

Les Sociétés industrielles, les Associations corporatives ont le droit de fonder librement des établissements d'assistance par le travail. Des subventions leur seront accordées pour atteindre plus efficacement leur fin.

Chaque arrondissement doit posséder dans sa circonscription territoriale l'ensemble complet des institutions de bienfaisance et de prévoyance, la maison hospitalière, le refuge de la vieillesse abandonnée, l'institut d'apprentissage et la colonie ouvrière du travail provisoire.

En dehors même de toute subvention de l'Etat, il n'est pas impossible au département et à la grande cité de créer par le prélèvement de certaines taxes locales, entr'autres d'une contribution sur la plus-value des terrains et des immeubles, les ressources nouvelles permettant de subvenir à ces dépenses, d'un intérêt si élevé et si urgent.

Les caisses d'épargne libres, les sociétés de secours et d'assurances ouvrières trouveront dans les œuvres de la prévoyance un placement fructueux de leurs fonds, des garanties hypothécaires de premier ordre sur les immeubles urbains et les domaines ruraux appartenant à ces grands établissements.

L'institution des maisons de travail provisoire est une œuvre moralisatrice, à la fois de secours pour les misérables et de conservation sociale.

Le mal profond auquel la société doit porter remède est démontré péremptoirement par les chiffres :

L'annuaire statistique de la France publié sous les auspices du ministre du commerce, année 1879, indique officiellement le chiffre des gens sans profession avouée que la statistique qualifie de gens sans aveu, et qui sont au nombre effrayant de 960,078 individus.

D'autres statistiques non officielles portent le nombre des indigents valides à un million, et à 340,000 le nombre des adolescents et adultes de 15 à 21 ans.

Les vagabonds pullulent, fourmillent dans nos villes et nos campagnes, et constituent une armée de réserve où le vol et l'émeute se recrutent avec prédilection.

Tous les jours à Paris une foule de malheureux, à bout de voie, se lèvent le matin sans savoir où ils mangeront ni où ils coucheront le soir.

A la profondeur du mal, on peut juger de la nécessité et de l'énergie du remède.

Les esprits les plus généreux hésitent devant les sacrifices exigés pour améliorer cette douloureuse situation.

L'acquisition ou l'affermage d'un domaine assez vaste pour installer dans chaque arrondissement une colonie ouvrière, et le secours accordé à l'assisté, en récompense de son travail, n'entraîneraient pas, croyons-nous, une dépense excessive.

MM. Maurice Faure et Georges Berry nous assurent que les expériences faites chez les peuples voisins ont prouvé que, sous une sage administration, le travail des colons suffit, en majeure partie, à subvenir à leur entretien. « Seuls, les frais de premier » établissement sont onéreux, et encore sont-ils compensés promp» tement par la plus-value des immeubles et des terres ».

Au point de vue de l'intérêt général on peut démontrer que ces sacrifices ne seront pas faits en pure perte :

Nous avons en France plus d'un million d'indigents valides qui vivent à peu près sans travailler.

Combien coûte à la société ce million d'hommes entretenus à ne rien faire? Quelles forces productives perdues pour la communauté!

N'y aurait-il pas moyen d'utiliser une bonne moitié de cette masse d'hommes adultes ou dans la force de l'âge, inutiles à la production générale?

Pourquoi, disent nos paysans avec leur bon sens rural, n'oblige-t-on pas tous ces gens à travailler? Le travail ne manque pas chez nous. Quand on ne les emploierait qu'à la réfection de nos chemins communaux, ils seraient utiles à quelque chose, et ne vagueraient pas, à travers champs, portant l'effroi dans les fermes isolées où ils se présentent souvent, la menace à la bouche, à l'heure où les hommes travaillent au dehors.

Notre agriculture en souffrance manque de bras et ne suffit pas à la consommation française. Tous les ans nous payons à l'étranger un milliard pour l'importation des vins, blés et céréales qui nous manquent.

Le sol français mieux cultivé, les terres fertiles de nos provinces algériennes défrichées et mises en état de culture par les associations agricoles coopératives, sous la direction ferme et intelligente de l'administration de l'assistance par le travail, suffiraient à nous délivrer, pour une partie, de ce tribut onéreux.

N'est-il point vrai que les capitaux ainsi employés seraient rénumérés au centuple ?

Une grande partie de ces hommes déshabitués de tout travail sérieux peuvent être ramenés dans la voie du bien et à de nouvelles habitudes.

Au lieu d'être une lourde charge pour la société, ils deviendront des facteurs importants de la production et de la consommation générale. De là une abondance de richesse nouvelle dont il y a lieu encore de tenir compte.

Le plus grand nombre de ces pauvres gens sont des malheureux, surmenés de la mauvaise fortune, affamés, énervés par la misère. La plupart d'entre eux, devant la perspective inespérée du bien-être et d'une existence plus stable, ressaisiront dans les maisons hospitalières de l'Assistance la vigueur physique et morale qui leur permettra de reprendre le goût du travail en les arrachant à un milieu malsain et en les soustrayant aux occasions de mal faire.

Les travailleurs dans la détresse ou victimes du chômage involontaire, ouvriers de la pierre, du bois et du fer, tailleurs, boulangers, cultivateurs, jardiniers, terrassiers, etc., trouveront dans les maisons et les colonies du travail provisoire, vastes fermes transformées en ateliers industriels, les métiers conformes à leurs aptitudes ou à leur pratique journalière.

D'autres, accoutumés à un métier spécial non représenté dans les travaux de la colonie, auront vite fait un apprentissage rendu facile pour tous par une division intelligente du travail, sous les auspices d'une direction bienveillante.

Nous avons jugé opportun d'attribuer à l'administration de l'Assistance, en dehors des subventions annuelles, des concessions importantes de terres dans nos provinces africaines. Cet amendement annexé au projet de loi Maurice Faure aurait une portée réellement efficace.

Un tel privilège sera, entre les mains de l'Administration, un instrument énergique de propagande qui lui permettra de venir directement en aide aux familles assistées dans ses établissements, — qui n'auraient pas trouvé l'emploi de leur activité, — en leur procurant un travail immédiat, toujours disponible, de longue durée, dans les colonies coopératives ou fermes industrielles placées sous sa direction.

A son caractère de Société de bienfaisance, l'assistance ajoute ainsi une puissance de propagande coloniale qui aura son utilité pratique au double point de vue de l'intérêt des familles dénuées de ressources, et aussi de la prospérité de nos départements algériens. L'administration aura, en effet, sous sa main, parmi les familles assistées dans ses maisons de travail, des éléments précieux de colonisation.

Les exploitations des fermes industrielles développées sur une grande échelle dans toute l'Algérie-Tunisie, ouvriraient pour les victimes du chômage prolongé, pour les déshérités de la fortune, une source intarissable de travail et de prospérité. Ici plus de chômage à craindre : à une ferme mise en rapport, une nouvelle ferme à édifier; à une terre cultivée, une autre terre à défricher. La tâche est immense et sans limites ! Nous avons, dans ces régions fertiles, des millions d'hectares à mettre en culture, une réserve de terres et de travail qui ne sera pas épuisée avant plusieurs siècles. Là, ce n'est pas le travail qui manque à l'homme, c'est l'homme qui manque au travail !

Dans ces associations coopératives, les travaux plus ou moins collectifs, bien ordonnés, avec une juste limitation des heures du travail réduit au minimum, rendraient la tâche moins pénible ou plus facile, même aux déshabitués du travail.

Avec un outillage perfectionné, il est bien reconnu que dix ouvriers réunis produisent davantage que cinquante ouvriers séparés. Les travailleurs indigènes, mieux acclimatés, seraient employés aux labeurs les plus difficiles sous la direction des Français associés participants de l'exploitation.

Beaucoup, parmi les individus admis dans les maisons du travail provisoire, les plus énergiques ou les mieux inspirés, ne trouvant pas à employer leurs bras avec fruit dans des carrières ou les métiers encombrés par la concurrence, préféreront à l'existence étroite des villes, les larges horizons d'une existence mieux adaptée à leurs facultés et à leurs besoins, avec la douce perspective de procurer l'abondance et le bien-être à leurs familles.

Les habitations construites pour les colons, dans les régions tempérées, sur une ligne de fer ou à proximité d'une grande voie de communication, doivent réunir, autant que possible, les conditions d'existence, les habitudes et les avantages de la civilisation européenne.

A son arrivée, le citoyen doit conserver l'illusion qu'il n'a pas quitté la patrie, et qu'il se retrouve sur la terre française, au milieu d'amis et de compatriotes. Soutenu dans ses labeurs partagés en commun, encouragé par une direction diligente, le colon ne se sentira plus isolé, et confiant dans l'avenir, ne sera plus hanté par la pensée du prochain retour.

Dans toutes les classes de la société, le nombre des personnes qui, malgré leur bonne volonté, ne peuvent utiliser leurs facultés de production et vivre en travaillant, augmente d'une manière inquiétante. Ce vaste système de colonisation organisé sous l'impulsion d'une grande administration aurait pour résultat d'ouvrir un débouché de travaux productifs au bénéfice des bras et des intelligences qui restent actuellement sans emploi.

Il sera utile d'établir que, dans la réalité positive des choses, le travail de l'agriculture constitue pour l'homme laborieux la profession offrant le plus de sécurité et d'indépendance, avec la satisfaction des besoins les plus essentiels à l'existence de la famille.

La plupart des hommes qui ont quitté les champs dans l'espoir d'une meilleure fortune, et qui, désillusionnés, végètent misérablement dans les villes, reprendraient volontiers leurs anciens travaux, s'ils avaient l'assurance de subvenir honorablement aux besoins de leur existence, et abandonneraient sans trop de peine la grande ville où le pauvre trouve, en somme, peu d'attraits, peu de plaisirs réels, mais en revanche beaucoup de maux, beaucoup de privations, de désirs inassouvis, et quelquefois la noire misère.

Le devoir de l'administration sera de favoriser le rapatriement des ouvriers de la campagne égarés dans la grande ville, ou de leur faciliter les moyens de reprendre leurs anciens travaux dans les colonies coopératives agricoles de nos départements algériens.

Nous possédons, en Algérie-Tunisie, aux portes de France, le plus magnifique champ d'exploitation industrielle et agricole qui puisse s'offrir à une nation. Ce magnifique pays, autrefois couvert de cités florissantes, est assez fertile et assez étendu pour faire vivre à l'aise vingt millions d'hommes. Les terres fécondes qui ont nourri jadis les vieux peuples de Carthage et de Rome recèlent dans leur sein les mêmes trésors inépuisables qu'il ne s'agit que de savoir exploiter.

L'entreprise générale du défrichement de ces régions fertiles organisée d'une manière sérieuse par une grande société, *avec* ou *sans* le concours de l'Etat, serait susceptible d'obtenir des résultats prospères. Une grande compagnie de colonisation peut se constituer sur le nouveau continent un puissant domaine territorial et politique plus vaste qu'un empire de la vieille Europe. Il y a là, peut-être, pour les hauts barons de la finance parisienne une spéculation de bon aloi, une grande œuvre utilitaire à accomplir, une influence légitime à conquérir, le moyen d'augmenter la richesse publique et de donner à leur immense fortune, aujourd'hui très enviée, le caractère de grandeur et de moralité qui lui a fait quelquefois défaut.

CONSIDÉRATIONS GÉNÉRALES

I

La mise en œuvre de l'Assistance par le travail permettra de classer à part ces hommes sans scrupule qui revêtent les haillons de la misère pour exploiter la charité publique ceux-là que l'on a justement appelés « les voleurs des pauvres ». Les gens qui se livrent à ce honteux métier seront désormais surveillés de près.

A ce sujet, nous dirons un mot, en passant, de cette catégorie de malheureux dignes, suivant les circonstances, de commisération ou de colère : les uns élevés sans principes d'éducation et de famille, livrés de bonne heure à toutes les mauvaises habitudes, à la contagion des plus pernicieux exemples, ont été conduits fatalement au vice, à la paresse et à la révolte contre les lois établies; les autres, tout à fait corrompus, privés de sens moral, dominés par les passions viles, ont été entraînés jusqu'au crime par les plus mauvais instincts de la bête humaine. Certes, les œuvres de prévoyance, l'extinction graduelle du paupérisme supprimeront, en partie, ces plaies sociales. Mais, d'ores et déjà, la Justice doit établir, entre ces coupables, une ligne bien distincte, bien tranchée.

Au réfractaire, à l'homme égaré, susceptible d'être ramené au bien, au mineur irresponsable de ses actes, le remède souverain, l'unique remède, le Travail dans la colonie de réforme morale, ensuite le pardon et l'oubli.

Au récidiviste incorrigible, à l'homme criminel et sanguinaire, le châtiment terrible, l'expulsion du territoire, les travaux les plus durs sans relâche et sans pitié, jusqu'à l'expiation complète.

Des réformes d'une haute portée, au point de vue de la répression pénale et de l'application des peines ont été accomplies ces dernières années. La loi Bérenger est un monument de haute raison humaine, une œuvre de conservation sociale qui fait honneur au législateur. Mais le progrès appelle le progrès. Il y a encore à semer dans le champ de la réforme pénale.

La généralité des délits, notamment le délit de mendicité et de vagabondage ont pour cause première déterminante cette impuissance physique et morale que l'on appelle la paresse. La cause du mal étant connue, le régime à suivre est indiqué. C'est le travail salutaire par excellence, le défrichement de la terre. Ainsi la force morale qui manque à ces hommes énervés leur sera rendue par une occupation appropriée, et par l'habitude du travail graduellement acquise.

L'application de la peine doit avoir pour but principal la régénération du coupable. L'emprisonnement est une peine inefficace, dépourvue de sanction matérielle et morale, une flétrissure ineffaçable qui suit l'homme partout.

Il serait humain et d'une justice plus rationnelle, en ce qui touche les faits qualifiés par la loi *délits simples*, de supprimer la prison, et d'y suppléer par un moyen plus efficace, — *le séjournement* dans une colonie de réforme morale, *assez prolongé* pour permettre un traitement suivi, toujours *réductible* avec faculté de libération anticipée, suivant l'amélioration constatée dans l'état du sujet.

Chaque fois que les circonstances atténuantes ont été admises en matière de délits simples, en faveur du délinquant, mieux vaut miséricorde à rigueur de loi, dans l'intérêt de la société, comme dans celui de l'homme tombé.

L'adoption de cette méthode serait l'œuvre de salut pour beaucoup d'hommes engagés fatalement dans la mauvaise voie, et dégagerait en même temps le milieu social d'éléments nuisibles et dangereux.

La foule des mendiants et des vagabonds est énorme dans notre société moderne; nous savons qu'un million d'individus vivent en France aux dépens de la charité publique.

Parmi ces malheureux on peut établir deux catégories :

Les indigents qui ne *peuvent* pas travailler, par suite d'infirmités ou pour cause de chômage involontaire; et les indigents qui ne *veulent* pas travailler, par incurie ou paresse.

L'assistance par le travail sera la pierre de touche pour reconnaître dans le mendiant l'homme de la paresse ou l'infortuné digne de compassion et de secours.

La société a le devoir étroit de venir en aide à ceux que des circonstances accidentelles ou indépendantes de leur volonté empêchent de se livrer au travail; la rébellion contre la loi du

travail, l'oisiveté habituelle et volontaire justifient seules des mesures de répression.

La mendicité et le vagabondage, délits peu graves en eux-mêmes, sont les générateurs naturels du vol et du crime. A ce point de vue ils méritent d'être sévèrement surveillés. Mais pas de jugement de condamnation, pas de casier judiciaire, une simple ordonnance de renvoi dans une colonie de réforme morale avec séjournement obligatoire jusqu'à sérieux amendement. Le travail, un régime sévère et frugal, modifient les habitudes et domptent les mauvaises passions.

Arrêter le mendiant pour le conduire de prison en prison est brutal et absurde. Il ne faut l'arrêter que pour lui apprendre à gagner sa vie, en lui offrant le travail comme secours. On trouvera tout avantage à substituer la saine et forte influence de la terre à celle du cachot qui achève l'œuvre de perdition.

L'aumône dégrade l'homme plus souvent qu'elle ne lui offre un réel secours.

L'aumône sans à propos est une prime à l'imprévoyance, à la démoralisation, à la paresse; son action mal conçue engendre une foule d'abus, comme la mendicité professionnelle, cette grande pourvoyeuse du crime et de la prostitution. Il est instructif de lire à ce sujet l'excellent rapport de M. Georges Berry au conseil municipal de Paris, sur l'exploitation indigne de l'Enfance par les entrepreneurs de mendicité et de prostitution.

Depuis vingt ans, à Paris seulement, d'après le relevé fait par l'honorable rapporteur, près de 40,000 enfants des deux sexes ont été les martyrs et les victimes de ces odieuses exploitations exercées publiquement sous les yeux d'une police qui reste inerte en présence de pareilles infamies.

Sous ce titre : « Petits martyrs, mendiants et prostituées », Georges Berry a publié une brochure qui nous laisse entrevoir le sombre tableau de l'état honteux, pitoyable, dans lequel la société abandonne les enfants pauvres de Paris et des grandes villes.

Un seul remède existe : La mendicité, suivant le vœu de la loi, doit être rigoureusement interdite.

Au malade, à l'infirme, l'assistance publique et la charité; au vieillard, la caisse de retraites; à l'enfant pauvre, à l'orphelin, l'instruction et l'apprentissage;

A l'homme valide, l'assistance par le travail ;

Au réfractaire, au paresseux, le travail obligatoire et la colonie de relèvement moral ;

Les œuvres de bienfaisance ainsi conçues et méthodiquement organisées, un grand secours sera apporté à toutes les faiblesses, à toutes les misères humaines.

Une autre réflexion sur la réforme pénale : l'Etat consacre des sommes énormes à l'entretien des détenus. Cet argent serait bien mieux employé ailleurs.

Il est insensé d'entretenir à ne rien faire d'utile des hommes vigoureux pour la plupart, et parfaitement capables de gagner leur subsistance par un travail productif. Le creusement des ports, la construction des routes, le défrichement des forêts sont des travaux tout indiqués pour les condamnés.

Par un ukase du 18 juillet 1890, le czar a supprimé l'exil en Sibérie pour les condamnés en le remplaçant par la colonisation des terres non peuplées de l'Empire. C'est un exemple à suivre!

Pourquoi ne serait-il pas possible d'établir dans nos colonies, sur les points les mieux gardés, des camps pénitentiaires où les relégués seraient astreints à gagner leur pain quotidien à la sueur de leur front, comme le font beaucoup d'honnêtes gens, et comme ils eussent été obligés de le faire, s'ils étaient restés dans le milieu social, honnêtes et libres?

Ce système aurait l'avantage d'être plus économique que nos maisons centrales, plus moralisateur, plus efficace, et servirait en même temps à l'accomplissement des grandes entreprises coloniales d'utilité publique.

II

Les institutions de prévoyance créées en faveur de la jeunesse et de l'âge viril engendrent rationnellement des conséquences d'un haut intérêt au point de vue de l'agriculture, si négligée de nos jours.

Les travaux accomplis dans les Fermes industrielles de l'apprentissage et de l'assistance provisoire seront de nature à propager l'étude des sciences agricoles, le goût de la culture, et imprimeront un élan remarquable a la production.

Un grand nombre des adolescents élevés dans les écoles professionnelles, beaucoup parmi les familles admises dans les établissements de l'assistance par le travail, ainsi que les milliers de cultivateurs français qui émigrent chaque année de nos villages dans les pays lointains, seront amenés à solliciter des emplois dans les colonies coopératives de l'Algérie.

Ces fermes industrielles fortement organisées seront un élément de prospérité, et permettront de tirer de l'Algérie-Tunisie, de notre propre sol, les nombreux produits que la France européenne n'est pas apte à produire.

La protection de l'enfance et de la vieillesse, l'assistance par le travail assurée dans les mauvais jours rendront aux pauvres gens la vie moins âpre et moins difficile.

La famille française rassurée par les œuvres de la Prévoyance nationale sur le sort de tous ses membres, sur l'avenir des enfants à naître que la société n'abandonnera pas, recouvrera la vigueur et les vertus fécondes de nos ancêtres. La France ne périra pas faute d'hommes et de défenseurs.

L'agriculture, la plus indispensable, la plus saine, la plus indépendante des professions, encouragée et remise en honneur, ne sera plus dédaignée par les familles nombreuses de travailleurs.

De là, un arrêt dans la désertion des campagnes, *première cause* du paupérisme moderne.

La surproduction industrielle et l'encombrement des grandes villes qui engendrent le chômage endémique et toutes les corruptions sont des facteurs de mort. Si le mal n'est pas enrayé, nous aurons bientôt, comme le disaient déjà Montaigne, Montesquieu, un laboureur pour dix artisans. C'est la dégénérescence de la race par la pénurie des vivres !

Le progrès ne consiste pas à développer outre mesure les métiers déjà encombrés, à maintenir dans des professions où il y a plus de production que de consommation des gens qui y sont inutiles. Le progrès consiste à rechercher une meilleure répartition des bras et des capitaux, à favoriser par tous les moyens les métiers utiles, réellement producteurs, et au premier rang, le travail de l'agriculture qui remplit les conditions essentielles de la vie.

La lutte et la concurrence n'étant plus aussi terribles entre les travailleurs moins entassés dans les cités industrielles, une meilleure répartition du travail sera établie naturellement, et les crises de chômage seront adoucies. Les salaires s'élèveront, par la force des choses, au niveau des besoins légitimes du travailleur, au grand avantage de tous, sans violence ni grève.

Les capitaux importants, mis en action et déversés dans la circulation générale par les entreprises de prévoyance, créeront un mouvement actif dans les affaires industrielles et apporteront un appoint au développement de la fortune nationale.

Or, le moyen le plus efficace pour amener l'élévation si désirable des salaires ne réside t-il pas surtout dans l'accroissement de la richesse publique, dans la prospérité industrielle et commerciale ?

En même temps, la morale publique, qui dépend beaucoup du bien-être général d'un peuple, ira grandissant tous les jours par suite de l'élimination constante de ces ferments dangereux qui s'agitent dans les villes populeuses, au milieu de ces nombreux adolescents livrés au vice ou à la paresse, dans cette masse flottante d'individus sans aveu et sans profession sérieuse qui sont une menace perpétuelle pour la paix sociale.

Ces hommes, presque tous intelligents et robustes, ramenés dans la droite voie par une société attentive, soucieuse de leurs intérêts, apporteront au pays, au lieu du désordre, le concours de leur énergie et de leur activité.

On trouverait encore dans les institutions de prévoyance un avantage politique appréciable, celui d'ouvrir une carrière honorable à une multitude de déclassés hors de voie, et aussi de récompenser dignement les services rendus à la chose publique.

III

Quelle que soit l'efficacité des remèdes apportés au mal par l'effort collectif, il restera immensément à faire.

Le sentiment du devoir, l'esprit de sacrifice et de dévouement, auront toujours leur libre épanouissement. Les œuvres de bonté ne feront pas défaut. La charité privée comme la bienfaisance sociale aura sa large part, et ce n'est qu'en se secondant mutuellement et en conspirant vers le même but qu'elles atteindront leur apogée.

Si nous avons cherché à démontrer que l'initiative individuelle est impuissante à elle seule, est-ce à dire que nous en méconnaissions les bienfaits ? Ce serait une injustice !

La charité privée, eu égard à ses faibles ressources, a accompli des prodiges et des merveilles incomparables.

Aucune douleur, aucune misère, aucune infirmité humaine à laquelle elle n'ait compati et porté secours.

Toutes les œuvres de prévoyance c'est elle qui les a conçues, mises en pratique et adaptées à toutes les conditions, à tous les âges.

La voie de miséricorde qui aboutit à l'extinction de la misère a été creusée péniblement par la Charité. Il ne s'agit plus aujourd'hui que de l'élargir pour la rendre accessible à tous.

Ces admirables institutions qu'elle a créées, il s'agit de les propager, de les universaliser partout, en les appuyant sur ce principe supérieur qui transformera le monde, « *la solidarité* », transfiguration de la Charité elle-même.

La mutualité et la solidarité, mots nouveaux pour exprimer de vieilles idées, dérivent directement de la Charité, fille de l'inspiration religieuse dont elles sont le pâle reflet.

C'est ce qui explique l'intervention de la société religieuse dans la discussion et l'accomplissement des grandes œuvres sociales.

En affirmant la nécessité d'améliorer le sort des masses populaires, en recherchant les moyens de soulager la misère, l'Eglise n'a rien à emprunter au socialisme. Elle reste simplement dans son rôle, et s'inspire uniquement des enseignements de sa doctrine.

Les jeunes et vaillants missionnaires qui vont en Allemagne et en France affirmer hautement, dans les réunions populaires, les idées de paix et de justice sociale, les principes de fraternité et de solidarité humaine, sont dignes d'admiration et de vénération.

Les ouvriers, quelquefois indifférents en matière religieuse, font preuve de tact et d'intelligence en réservant une place d'honneur à la tribune populaire, à ces hommes de foi et de dévouement dont ils écoutent la parole avec déférence et respect. Leur concours est précieux. Le bien qu'ils ont déjà fait est plus grand qu'on ne le suppose. C'est un peu grâce à leurs enseignements et à leur influence morale que le sentiment de justice sociale a pénétré dans tous les rangs de la société, dans la chaumière comme dans les salons jusque sur les marches du trône des empereurs et des rois.

Conséquences des œuvres réunies de la prévoyance nationale. — Extinction progressive et radicale du paupérisme.

Avec le secours des œuvres de la prévoyance, la France, toujours vigilante, étend sa main tutélaire sur tous ses fils deshérités qu'elle suit avec sollicitude dans toutes les phases de la vie, à tous les âges, dans la jeunesse, dans la vieillesse, dans l'âge viril.

A *l'enfant* pauvre ou délaissé, au *vieillard* triste et débile sa protection est assurée ; dans *l'âge viril* elle offre à l'homme de bonne volonté son concours et son assistance dans les heures de désespérance à travers les luttes si âpres pour l'existence.

En effet, grâce à l'œuvre de prévoyance *de la jeunesse*, les enfants pauvres, les orphelins sont placés dans la maison d'apprentissage sous la sauvegarde de la société, durant la plus grande partie de leur minorité, pour être bientôt accueillis dans l'armée où ils serviront la patrie avec dévouement.

Dans cette première période qui embrasse le tiers de la vie humaine, plus de misère, plus de souffrance par le froid ou par la faim !

L'homme qui sort de la vie comme l'homme qui entre dans la vie a besoin de soutien. Grâce à l'institution de prévoyance *pour la vieillesse*, le travailleur atteint l'âge de la retraite, sans le cruel souci de l'avenir. Il sait que désormais sa vieillesse sera assurée contre les vicissitudes de la destinée. Cette phase dernière de la vie de l'homme est aussi garantie contre la pauvreté et les dures épreuves qui l'accompagnent.

Entre ces deux limites extrêmes de l'existence, considérons maintenant l'homme *dans l'âge viril*. Ici l'individu, le citoyen, en pleine possession de ses forces, de ses facultés, de sa volonté, agit dans sa libre action, sous sa responsabilité personnelle, simplement soumis à la loi naturelle du travail, et n'a nul besoin de protection. Toutefois, à celui-là aussi, victime du chômage ou du malheur immérité, la société tend une main secourable en lui ouvrant ses maisons du travail provisoire où il trouvera, avec le repos et le calme de l'esprit, un abri assuré, un encouragement et un secours.

Enfin, l'homme atteint par la maladie ou par les accidents, les infirmes, les incapables, trouvent des soins empressés dans nos sociétés de secours mutuel, et dans les services hospitaliers fondés par l'Etat ou par la charité privée.

Ainsi, beaucoup de bonnes choses sont préparées et en voie d'être accomplies. Il suffit de ce rapide aperçu pour nous convaincre que les circonstances malheureuses qui développent le fléau du paupérisme, les causes premières qui amènent fatalement la misère, doivent disparaître en majeure partie, avec le développement progressif des grandes œuvres de la prévoyance nationale.

Est-ce à dire que nous ne verrons plus de misérables au milieu de nous?

Hélas! les peines de toute nature, les infirmités physiques ou morales seront toujours le lot de l'humanité. Il y a loin de la réalité des choses au rêve de l'idéal entrevu. Le champ réservé à la charité aura toujours des horizons sans limites.

Mais en l'état de notre civilisation, nous ne devons plus supporter le spectacle désolant qui nous est offert de voir des enfants dénués des choses nécessaires au développement de la vie, — des adolescents vaguant à l'abandon et sans ressource sur le pavé des grandes villes, — des vieillards mendiant leur pain après une existence de labeur et de peines, — des familles entières désertant la vie dans l'impossibilité de trouver des moyens d'existence!

Il est urgent de réformer un état de choses aussi injuste et aussi lamentable. Pour prix des efforts des hommes de bien, nous avons la confiance que la France offrira un jour, au monde, la solution si utilement recherchée du problème de l'extinction de la mendicité et de la misère. Une société bien convaincue de la puissance de l'*Idée mutuelle*, enfantera des vertus et des merveilles. C'est dans l'application développée de ce principe *sauveur* que résident le bien-être des peuples et la grandeur du siècle à venir!

Le XXe siècle verra s'accomplir de nobles choses, — une œuvre mystérieuse et bonne, — les progrès des sciences et du bien-être, — le règne de la Justice et de la solidarité humaines, — *un monde meilleur!*

18,089. — BORDEAUX, IMPRIMERIE Ve CADORET, RUE MONTMÉJAN, 17.

Documents manquants (pages, cahiers...)

NF Z 43-120-13

www.ingramcontent.com/pod-product-compliance
Ingram Content Group UK Ltd.
Pitfield, Milton Keynes, MK11 3LW, UK
UKHW020244220726
13923UKWH00002B/819

9 782019 496111